Ziel: Ottawa Valley

Peter Hessel

Ziel: Ottawa Valley

Deutsche Auswanderer in Kanada

Springer VS

Peter Hessel
Delmenhorst, Deutschland

ISBN 978-3-658-31570-2 ISBN 978-3-658-31571-9 (eBook)
https://doi.org/10.1007/978-3-658-31571-9

Die Deutsche Nationalbibliothek verzeichnet diese Publikation in der Deutschen Nationalbibliografie; detaillierte bibliografische Daten sind im Internet über http://dnb.d-nb.de abrufbar.

Planung/Lektorat: Frank Schindler
Springer VS ist ein Imprint der eingetragenen Gesellschaft Springer Fachmedien Wiesbaden GmbH und ist ein Teil von Springer Nature.
Die Anschrift der Gesellschaft ist: Abraham-Lincoln-Str. 46, 65189 Wiesbaden, Germany

Vorwort

Vor den 1980er Jahren gab es in Kanada zahlreiche Bücher über kanadische Geschichte, die sich hauptsächlich mit der französischen und britischen Besiedlung und Kolonisierung des Landes befassten. Man wurde sich erst spät über den Beitrag bewusst, den Einwanderer aus allen Erdteilen, aber besonders aus Europa zur Entwicklung Kanadas geleistet hatten. Das war auch der Grund, warum ich mit meinem 1984 erschienenen Buch, „Destination: Ottawa Valley" auf die Migrationswelle hinwies, die bereits 1857, also mehr als ein Jahrzehnt vor Gründung des deutschen Kaiserreichs, und zehn Jahre vor der „Konföderation" Kanadas begann. Es war weder die erste, noch die letzte große deutsche Einwanderung nach Kanada. Aber mein Buch dokumentierte eine Migration aus Deutschland in ein eng umrissenes Gebiet der Provinzen Ontario und Quebec im Einzugsbereich des Ottawa River. Das Buch wurde in Kanada zum Standardwerk über diese spezifische Einwanderungswelle.

Im 21. Jahrhundert und besonders in dessen zweitem Jahrzehnt hat mit der zunehmenden Bedeutung der weltweiten Migration die Geschichtsschreibung über dieses Thema an Bedeutung zugenommen. Aus diesem Blickwinkel sah ich auch den Nutzen einer deutschsprachigen Fassung meines Buches. Es ist weit mehr als die deutsche Übersetzung. Es enthält viele neue Forschungsergebnisse und nimmt Bezug auf neue Veröffentlichungen zum Thema.

Ganz besonders möchte ich mit dem Beispiel dieser deutschen Auswanderungswelle deutschen Lesern eine wichtige Tatsache vor Augen führen: Migration ist in Deutschland schon lange in zwei Richtungen verlaufen. Migration bedeutet Hoffnung auf eine bessere Zukunft. Das Schicksal der Menschen mit Migrationshintergrund ist durchaus vergleichbar, unabhängig von ihrem Ursprungsland und ihrer ursprünglichen Kultur. Dabei geht auch immer um Aufnahmebereitschaft und Integration.

Antje Evers-Strackerjan, Ehefrau des Autors, hat ihn aktiv mit Dokumentation, Forschungsarbeiten und Feldstudien für die ergänzte deutsche Ausgabe des Buches unterstützt, wofür er ihr großen Dank schuldet.

Delmenhorst *Peter Hessel*

Vorwort zur englischen Ausgabe des Buches (1984)

Ich gratuliere dem Autor für den wertvollen Beitrag, den er mit diesem Buch zur Dokumentation der Einwanderungswelle geleistet hat, die im 19. Jahrhundert Tausende deutscher Siedler ins Ottawatal brachte und dessen Entwicklung dramatisch vorantrieben.

Es sind wissenschaftliche und dennoch sehr lesbare Studien wie diese, die uns ermöglichen, die Mitwirkung vieler verschiedener Kulturen an der Entwicklung unseres Landes zu verstehen und anzuerkennen.

Zwar ist das Wort „Multikulturalismus“ erst in jüngster Zeit in den allgemeinen Sprachgebrauch eingeführt worden, aber Herrn Hessels Studie verleiht dem Begriff lebendigen Ausdruck. Der Multikulturalismus ist schon in der Frühzeit unserer Geschichte zur Realität des kanadischen Lebens geworden.

Ich hoffe, weitere solche Studien werden das Verständnis der Kanadier für ihr kulturelles Erbe vertiefen.

The Honourable Jack B. Murta,
Staatsminister für Multikulturalismus

Inhalt

Einleitung

Es ist auch in Kanada noch wenig bekannt, dass Kanadier deutscher Abstammung die größte nicht-britische und nicht-französische Volksgruppe des Landes bilden. Noch weniger ist man sich darüber bewusst, dass die deutsche Einwanderung in Kanada auf breiter organisierter Basis schon hundert Jahre vor der kanadischen Staatsgründung (*Confederation*) begann. Im Jahre 1753 gründeten etwa 2000 Deutsche die Stadt Lunenburg in Nova Scotia. Damit entstand die zweite nicht-französische Stadt Kanadas (nach Halifax, das drei Jahre zuvor von britischen Einwanderern gegründet worden war). Die „*United Empire Loyalists*", die sich nach dem Amerikanischen Unabhängigkeitskrieg in Kanada ansiedelten, bestanden zu etwa einem Drittel aus Familien deutscher Farmer und Soldaten. Sie wollten unter britischer Flagge leben. In Südontario gründeten diese „deutschen Loyalisten" zahlreiche Ortschaften[1], aber auch in Ostontario - südlich von Ottawa und am Sankt-Lawrence-Strom - schufen sie schon um 1784 Gemeinden wie Osnabruck, Williamsburg usw.[2] Sie drangen aber nicht bis an den Ottawa River vor.

Schon diese frühen Beispiele zeigen, dass Kanadier deutscher Abstammung durchaus das Recht haben, zu den „Gründern" Kanadas gezählt zu werden. Meistens wird die ethnische Zusammensetzung des heutigen Kanadas wie folgt beschrieben: „die indigenen Völker, die Briten und Franzosen als Gründernationen sowie Neueinwanderer aus aller Welt". Dabei übersieht man die Tatsache, dass Volksgruppen an der Entwicklung des kanadischen Staates beteiligt waren, die weder

---

[1] http://www.uelac.org/education/WesternResource/305-Ont.pdf. Abgerufen: Juni 2018, und https://www.whitepinepictures.com/seeds/iii/30/history2.html. Abgerufen: August 2018.

[2] https://www.uelac.org/Loyalist-Info/extras/Rupert-Adam/Rupert-Adam-family-of-Osnabruck-by-Guylaine-Petrin.pdf Abgerufen: Dezember 2018.

P. Hessel, *Ziel: Ottawa Valley*, https://doi.org/10.1007/978-3-658-31571-9_1

indigener noch britischer oder französischer Herkunft sind, aber auch nicht als Neueinwanderer bezeichnet werden dürfen, weil sie seit vielen Generationen zu Kanada gehören.

Am 1. Juli jedes Jahres begeht Kanada den „Canada Day" als nationalen Feiertag. Er wird häufig auch als „Kanadas Geburtstag" bezeichnet. Ursprünglich hieß er „Dominion Day". Am 1. Juli 1867 bildeten drei der Kolonien in Britisch-Nordamerika (die Vereinigte Kolonie Canada, New Brunswick und Nova Scotia) das „Dominion of Canada", ein immer noch nur teilsouveränes Staatsgebilde, aber mit viel mehr politischen und administrativen Befugnissen als die früheren Kolonien. Das Dominion übernahm allmählich alle anderen Kolonien und Territorien in Britisch-Nordamerika, bis es zum zweitgrößten Land der Erde wurde. Die letzte der heute zehn kanadischen Provinzen (sprich: Bundesländer) war Neufundland und Labrador, das erst 1979 zu Kanada beitrat. Die drei riesigen „Territories" im hohen Norden (Yukon, Northwest Territories und Nunavut) werden von der kanadischen Bundesregierung verwaltet, denn sie haben (2019) insgesamt nur ca. 113.000 Einwohner bei einer Fläche von ca. 3.500.000 km^2. Das sind etwa 40 % der Gesamtfläche Kanadas.

Die gezielte Einwanderung gehörte bereits vor 1867 zur Politik der damaligen Kolonie Canada. Bereits zehn Jahre vor „Confederation" begann ein wichtiges Einwanderungsprogramm, das überwiegend Deutsche betraf. Die Ankunft im Ottawatal (Ottawa Valley) von Deutschen aus den östlichen Provinzen Preußens und aus Mecklenburg war der Anfang einer Migration, die im Laufe der folgenden drei Jahrzehnte ca. 12.000 Deutsche ins Obere Ottawatal führte. Heute sind ca. 20 % der Bevölkerung im Bezirk Renfrew (*Renfrew County in der heutigen Provinz Ontario*) Nachkommen dieser frühen deutschen Siedler. Kleinere Konzentrationen bestehen in Bezirken (*Counties*) nördlich des Ottawa River in der heutigen Provinz Quebec sowie in der kanadischen Bundeshauptstadt Ottawa.

Der Umfang und die historische Bedeutung dieses frühen kanadischen Kolonisierungsprogramms wird selten anerkannt. Sogar im Ottawatal erschienene heimatkundliche Veröffentlichungen ignorieren den deutschen Beitrag entweder vollständig oder erwähnen ihn nur oberflächlich. So weist z.B. das in Pembroke erschienene Buch *History of Alice and Fraser Township* von A. Donahue in einem kurzen Abschnitt lediglich auf „vereinzelte deutsche Siedler" hin[3], obwohl diese beiden Landkreise vorwiegend von Deutschen besiedelt wurden, deren Nachkommen dort immer noch die bei weitem stärkste Bevölkerungsgruppe bilden. Auch die *Canadian Encyclopedia* enthält keine Hinweise auf die deutsche Einwanderung ins Ottawatal.

Das Buch von Jonathan Wagner, *A History of Migration from Germany to Canada*, 1850-1939, das einzige bisher erschienene umfassende Werk über die deutsche Migration nach Kanada vor dem 2. Weltkrieg, enthält keine spezifischen Informationen über die deutsche Einwanderung ins Ottawatal. Mit Ausnahme einiger Ausführungen über die kanadischen Einwanderungsagenten William Sinn und William Wagner wird dort nichts über diese wichtige Einwanderungsaktion erwähnt.

Ein Hauptziel der vorliegenden Studie ist, die Schub- und Zugfaktoren der deutschen Migrationswelle ins Ottawatal im 19. Jahrhundert zu dokumentieren und anschaulich zu beschreiben. Auch auf die geographische und gesellschaftliche Herkunft der Auswanderer und die preußische Reaktion auf die kanadischen Werbeaktivitäten wird Bezug genommen. Der Auswanderungsvorgang selbst - die Bahnreise nach Hamburg oder Bremen/Bremerhaven, die lange ca. sechswöchige Seereise auf Segelschiffen und die beschwerliche Überlandreise vom Hafen Quebec/Lévis bis ins Obere Ottawatal (etwa 600 km Luftlinie) - wird ebenso geschildert wie die Erfahrung der Menschen im Laufe ihrer frühen Ansiedlung im zugewiesenen Empfangsbereich.

Wenn es gelingt, eine historische Unausgewogenheit zu korrigieren, die Gegenwart der zahlreichen deutschstämmigen Kanadier im Ottawatal in die richtige Perspektive zu rücken, ist das jedoch nur ein nachrangiges Anliegen dieser Studie. Der Autor ist nicht davon ausgegangen, „etwas zu beweisen oder zu korrigieren". So weit es die Dokumentation der Quellen erlaubt, sprechen die Tatsachen für sich. Wenn uns diese Erkenntnis dazu anleitet, den vielseitigen Hintergrund

[3] HF (01).

des deutschen kulturellen Erbes im Ottawatal zu erkennen, werden Kanadier jeglicher Herkunft ein besseres Verständnis ihrer Heimatgeschichte erlangen, das der kanadischen Gesellschaft als gemeinsame Bindung dienen kann.

Für Leser in Deutschland sollte die Geschichte dieser deutschen Auswanderungsaktion als Beispiel dafür dienen, dass die Migration großer Bevölkerungsteile keineswegs ein neues Phänomen darstellt. Die Suche von Menschen nach einem besseren Leben im Ausland sowie die Aufnahme ausländischer Volksangehöriger aus wirtschaftlichen wie auch aus humanitären Gründen gehört seit langer Zeit zur deutschen und europäischen Geschichte. Natürlich hat der Druck des enormen Bevölkerungszuwachses und der Globalisierung die weltweite Ausweitung dieser Migration bewirkt.

Einerseits hat Deutschland durch Abwanderung Millionen von Menschen „verloren". Andererseits sind Millionen von Menschen aus anderen Ländern nach Deutschland zugewandert und haben entstandene Lücken wieder gefüllt. Offensichtlich ist diese demographische Entwicklung - die Bedeutung großer Migrationsbewegungen - in der Bundesrepublik wie auch in anderen Ländern ein wichtiger politischer und gesellschaftlicher Faktor. In Deutschland bilden „Menschen mit Migrationshintergrund" einen riesigen Bevölkerungsanteil. In Kanada sind sie sogar die große Mehrheit.

Es gibt in Deutschland zwei wichtige Auswanderermuseen: Das 2005 am Neuen Hafen in Bremerhaven eröffnete Deutsche Auswandererhaus erinnert an die insgesamt 7,2 Millionen Menschen (nicht nur Deutsche), die aus Bremen und Bremerhaven in die Neue Welt (vorwiegend in die USA) ausgewandert sind. Es wurde nach dem historischen „Auswandererhaus" benannt, das 1849/50 zur Unterbringung und Verpflegung von Auswanderern errichtet wurde. Bremerhaven war damals der größte Auswandererhafen Europas.

Abbildung 1: Das Deutsche Auswandererhaus, Bremerhaven (http://dah-bremerhaven.de/museum/)

Abbildung 2: Das historische Auswandererhaus in Bremerhaven in den 1850er Jahren. (Foto: https://de.wikipedia.org/wiki/Auswandererhaus_Bremerhaven)

Das Auswandererhaus BallinStadt (auf der Elbinsel Hamburg-Veddel) wurde 2007 eröffnet. Es steht ebenfalls an einem historischen Standort, im Hamburger Hafen, und nutzt drei der wieder aufgebauten Auswandererhallen, die ursprünglich ab 1901 unter dem Generaldirektor der HAPAG, Albert Ballin, erbaut wurden. Zwischen 1850 und 1939 verließen über 5 Millionen Menschen die „Alte Welt" aus Hamburg.

Die Deutschen, die im 19. Jahrhundert ins Ottawatal zogen und deren Geschichte dieses Buch schildert, verließen ihre Heimat zwar auch größtenteils von Hamburg aus. Sie fuhren aber mit den Schiffen kleinerer Reedereien aus anderen Hamburger Hafenbereichen nach Quebec bzw. Lévis am Sankt-Lorenz-Strom. In beiden Auswanderermuseen, besonders aber in Halle 2 des Hamburger Museums, wird die Migration nicht nur aus lokalgeschichtlicher Sicht, sondern auch als globales Ausstellungskonzept herausgestellt. Außer der Auswanderung Millionen Deutscher in die Neue Welt wird auch die allgemeine Völker-Migration angesprochen, die heute wieder die Welt bewegt. In Halle 2 des Hamburger Museums gibt dieser Spruch den Ton an:
Homo sapiens est Homo migrans.

In Halifax, Nova Scotia dokumentiert zwar das hervorragende Pier 21-Museum die Einwanderung nach Kanada. Es kann aber ebenfalls nicht die Zehntausende von Deutschen berücksichtigen, die bereits Mitte des 19. Jahrhunderts im Ottawatal eintrafen. Manche von ihnen kamen über Ellis Island in New York an. Die allermeisten trafen jedoch im Hafen von Quebec bzw. Lévis ein - mehr als 1000 Kilometer westlich von Halifax.

Dieses Buch sollte auch die zahlreichen Einwanderungskritiker und Flüchtlingsgegner im heutigen Deutschland zum Nachdenken darüber bewegen, dass in den letzten beiden Jahrhunderten viele Millionen Deutsche Zuflucht im Ausland gesucht haben, während im gleichen Zeitraum bedeutend weniger Menschen aus ähnlichen Gründen in Deutschland eingewandert sind.

Abbildung 3: Das Auswanderermuseum in Hamburg-BallinStadt. Foto: http://dah-bremerhaven.de/museum/

Zeittafel

Regionale, nationale und internationale Ereignisse in chronologischer Folge

	Kanada	Deutschland
Vor 1812	Europäische Besiedlung im Ottawatal überwiegend durch schottische und irische Einwanderer.	Geringe deutsche Auswanderung nach Kanada, und noch gar nicht ins Ottawatal.
1812-13	Der Krieg von 1812-13 zwischen den USA und Britisch-Nordamerika führt zu strategischen Überlegungen in Bezug auf mangelnde Bevölkerung in den britischen Kolonien Nordamerikas.	Alle deutschen Fürstentümer stehen unter dem französisch-napoleonischen Regime.
1815		Der Sieg über Napoleon führt zur Umstrukturierung Europas. Deutscher Bund: Lockere Verbindung deutscher Fürstentümer und Freier Städte.
1820-1920		Etwa 6 Millionen Deutsche verlassen ihre Heimat und wandern vorwiegend in die USA aus.
1826-32	Zum Bau des 202 km langen Rideau-Kanals (heute Weltkulturerbe) vom Ottawa zum St.-Lorenz kommen Tausende von irischen Arbeitern – auch mit Familien - in die Ottawa-Region. Das meiste ebene Land im Ottawatal wird von Iren und Schotten besiedelt.	
1840	Die britischen Kolonien *Upper Canada* und *Lower Canada* (das heutige Ontario und Quebec) vereinigen sich zur Kolonie Canada,	
1841	Das neue Landgesetz ermöglicht den günstigen Erwerb von „*Crown Land*" (staatl. Ländereien).	
1848-49		Die Deutsche Revolution scheitert in allen deutschen Fürstentümern. Die Auswirkungen führen vielfach zu großer Unzufriedenheit unter der Bevölkerung. In der Frankfurter St. Paulskirche tagt die erste frei gewählte Volksvertretung der deutschen Lande.
1850	Die Stadt Bytown erhält den Namen Ottawa.	

1852	William Lyon Mackenzie veranlasst die Vermessung des „*Ottawa-Huron Tract*", um Besiedlung anzuregen. Der „Tract" liegt aber auf dem Kanadischen Schild und ist überwiegend unbrauchbar für landwirtschaftliche Nutzung. Die gesamte Kolonie Canada hat weniger als zwei Millionen Einwohner.	
1855	Nur spärliche Versuche, deutsche Einwanderer (hauptsächlich in Süddeutschland) anzuwerben.	In Süddeutschland wird die „staatlich geförderte Auswanderung" (Abschiebung unerwünschter Bürger) abgeschafft.
1856	Der kanadische Landwirtschaftsminister behauptet, der „*Ottawa-Huron-Tract*" *könne* eine Bevölkerung von 8 Millionen ernähren. Das Ottawatal soll damit das schnelle Bevölkerungswachstum in den USA ausgleichen.	
1857	Der Bezirk Renfrew im Ottawatal bittet die Regierung um mehr Einwanderer. Die Regierung gründet ein Einwanderungsamt in Ottawa unter Leitung von Francis Clemow. Die ersten 196 deutschen Familien treffen im Bezirk ein.	In Preußen und Mecklenburg arbeiten ländliche Familien ohne jegliche Zukunftsaussichten für Großgrundbesitzer. Die Hoffnung auf freies oder billiges Land treibt Tausende zur Auswanderung.
1859	212 Deutsche und „Polen" (eigentlich Kaschuben aus Westpreußen) treffen im Bezirk Renfrew ein.	
1860	Die Anzahl der deutschen Einwanderer ins Ottawatal ist „enttäuschend". Mehr als 2,5 Millionen *Acres* „freies Land" befinden sich in den Händen von Spekulanten.	
1861-65	Der Amerikanische Bürgerkrieg stoppt die deutsche Einwanderung in die USA, woraus der kanadische Einwanderungsagent in Berlin Nutzen zu ziehen weiß.	Wilhelm I wird zum König von Preußen gekrönt.
1861	William Wagner wird zum Einwanderungsagenten der kanadischen Regierung in Berlin ernannt. Der lutherische Pastor Ludwig Hermann Gerndt trifft als „reisender Missionar" im Ottawatal ein und gründet die erste Gemeinde.	
1861-70	4000 Deutsche treffen im Bezirk Renfrew ein sowie 500 im Bezirk Labelle, und 200 im Bezirk Pontiac (beide in der heutigen Provinz Quebec), und 150 in der Stadt Ottawa.	

1862		Otto von Bismarck wird Kanzler und Außenminister von Preußen.
1867	Mit dem verfassungsgebenden Gesetz *British North America Act* werden die drei Kolonien Canada (Ontario und Quebec), New Brunswick und Nova Scotia zur Kanadischen Konföderation (*Dominion of Canada)*, einem weithin unabhängigen Staat mit zunächst 4 Provinzen. Weitere Kolonien treten dem Dominion später als Provinzen bei.	
1870-71		Deutsch-Französischer Krieg. Das siegreiche Preußen übernimmt Elsass-Lothringen. Das Deutsche Reich unter Preußens Führung wird gegründet. Bismarck wird Reichskanzler. Wilhelm I. wird deutscher Kaiser.
1873	Die Lutheraner im Ottawatal spalten sich in zwei Gruppen.	
1870er Jahre bis 1914	Sekundäre Einwanderung ins Ottawatal. Etwa 6000 bis 7000 Deutsche wandern ein (Freunde, Nachbarn und Verwandte der ursprünglichen Migranten).	Relativ wenig Motivation für und Interesse an Auswanderung in den 1870er und 1880er Jahren. Das ändert sich ab 1899, aber jetzt zieht es die Einwanderer in die neu erschlossenen kanadischen Prärie-Provinzen.
1888		Nach dem Tod von Wilhelm I wird Wilhelm II deutscher Kaiser.
1890		Bismarck muss abtreten.
1901-16	Die Zeitung „Deutsche Post" erscheint im Ottawatal.	
1914-18	1. Weltkrieg. Starke anti-deutsche Propaganda, Feindseligkeit gegenüber deutschen Einwanderern, obwohl Deutsch-Kanadier im Krieg gegen Deutschland dienen und viele auch fallen.	Nach Kriegsende verliert Deutschland u.a. die Provinzen Westpreußen und Posen an das neu erstandene Polen.
1916	Die Stadt Berlin in Südontario - die „heimliche Hauptstadt der Deutsch-Kanadier" - wird nach dem britischen Feldmarschall und Kriegsminister in *Kitchener* umbenannt. (2018 hat Kitchener 219 000 Einwohner).	
1923-29	Erneut deutsche Einwanderung nach Kanada, auch in die Stadt Ottawa. Mit Ausbruch der „Weltwirtschaftskrise" hört diese Einwanderung auf.	

1939-45	2. Weltkrieg. Wieder kämpfen und fallen viele Deutsch-Kanadier auf Alliierter Seite. Trotzdem starke Feindseligkeit gegenüber Deutschen, gesteigert durch Nazi-Verbrechen.	1945 wird Deutschland geteilt. Die Ostgebiete einschl. Hinterpommern, und Schlesien fallen an Polen. Mecklenburg, Vorpommern und Brandenburg kommen unter sowjetische Besatzung und werden ab 1949 (bis 1990) Teil der DDR.
ab 1951	Erneut sehr starke deutsche Einwanderung (als erstes Land nach dem Krieg nimmt Kanada auch so genannte „Reichsdeutsche“ auf).	Schätzungsweise 400 000 Deutsche wandern zwischen 1951 und 1970 nach Kanada aus.

1 Ein riesiges leeres Land

Geologisch gesehen ist das Ottawatal das Tal des 1271 km langen Ottawa (*Ottawa River*), der die Grenze zwischen den Provinzen Ontario und Quebec bildet. Der Ottawa liegt in einem vor 175 Millionen Jahren geformten, den Kanadischen Schild durchschneidenden Urstromtal.[4] Im Anschluss an die letzte Eiszeit existierte hier vor rund 13.000 bis 10.000 Jahren das Champlainmeer, ein Arm des Atlantischen Ozeans. Nach Austrocknung des Champlainmeeres endete auch die Entwässerung der Großen Seen durch dieses Tal, die seitdem durch den St. Lorenz-Strom stattfindet.

Nach vielen Jahrtausenden Vergletscherung hob sich das Land allmählich wieder an, wurde wieder bewaldet und mit höheren Tierarten bevölkert. Als Anfang des 17. Jahrhunderts erstmalig Europäer (französische Entdeckungsreisende unter Samuel de Champlain) das Ottawatal besuchten, war es das Stammland der Algonkin (Algonquin), eines weit verbreiteten indigenen Volkes, das den Ottawa beherrschte und *Kichesippi* (Großer Fluss) nannte. Die Algonkin bewohnten auch die Einzugsgebiete aller Nebenflüsse des Ottawa.[5] Die Franzosen nannten den riesigen Fluss zunächst *Grande Rivière des Algoummequins* (Großer Fluss der Algonkin). Nur etwa fünf Jahre lang - während die Algonkin zeitweise im Irokesenkrieg verdrängt worden waren - übernahmen Angehörige eines anderen indigenen Volksstamms, der weit entfernt an der Georgian Bay lebenden Outaouais (Ottawa), den Pelzhandel auf dem Strom. Die Algonkin kehrten kurz danach in ihre Heimat zurück, aber in dieser kurzen Zeit

---

[4] https://en.wikipedia.org/wiki/Ottawa_River. Abgerufen: Juni 2018.
[5] Hessel, P., The Algonkin Nation.

P. Hessel, *Ziel: Ottawa Valley*, https://doi.org/10.1007/978-3-658-31571-9_2

hatten französische Kartographen den Namen des Flusses auf Landkarten (irreführender- und ungerechterweise) in *Grande Rivière des Outaouais* geändert. Diesem kartographischen Fehler waren die Namen des *Flusses, des Tals und* schließlich der kanadischen Bundeshauptstadt zu verdanken. Die Outaouais haben niemals am Ottawa gelebt.[6]

Im Sinne dieses Buches bedeutet Ottawatal die auf der südlichen Ontario-Seite durch den Bezirk Renfrew und die Stadt Ottawa, auf der nördlichen Quebec-Seite durch die Bezirke Pontiac und Labelle gebildeten Regionen. Die stärkste deutsche Besiedlung betraf den nördlichen Bereich des Bezirks Renfrew - das so genannte „Obere Ottawatal" (*Upper Ottawa Valley*).

Sporadische europäische Besiedlung der Region hatte schon Ende des 18. Jahrhunderts begonnen, insbesondere auf einem Gebiet, das heute zur Stadt Ottawa gehört. Später wurde diese frühe Besiedlung hauptsächlich durch den Bau des Rideau-Kanals[7] unter dem britischen Pionieroffizier *Colonel* (Oberst) John By ausgeweitet, der zu diesem Zweck Tausende von vorwiegend irischen Arbeitern, zum Teil mit Familien, ins Land gebracht hatte. Der Bau des 202 km langen Kanals begann 1826 und endete 1832. Er war damals der längste Kanal der Welt. Nach ihm wurde das an den Ottawa-Schleusen des Kanals errichtete Arbeiterlager und die daraus entstehende Kleinstadt zunächst Bytown genannt.

Ab 1825 siedelte der schottische Aristokrat (*Laird*) Archibald McNab viele seiner *Clan*-Gefolgsleute und andere Schotten im Bezirk Renfrew an, wobei er versuchte, dasselbe Lehenssystem weiterzuführen wie in Schottland.[8] Als die beiden britischen Kolonien *Upper Canada* (Ontario) und *Lower Canada* (Quebec) im Jahre 1840 zur Kolonie Canada[9] zusammengeschlossen wurden, hatte sich das Ottawatal

---

[6] Ibid. S. 62-63.

[7] https://de.wikipedia.org/wiki/Rideau_Canal. Abgerufen: Juni 2018. Abgerufen: August 2018.

[8] Hessel, P., McNab - The Township.

[9] Die Kolonien Upper Canada und Lower Canada wie auch die 1840 vereinigte Kolonie Canada wurden offiziell „Provinces" (d.h. Provinzen) genannt. Um eine Verwechslung mit den Provinzen des 1867 gegründeten Dominion of Canada und des heutigen Bundesstaates Kanada zu vermeiden, bezeichnet der Autor diese Gebiete vor 1867 als Kolonien statt Provinzen, denn es handelte sich

zu einer besonders für die britische Flotte wichtigen Quelle von Bauholz entwickelt. Hauptprodukt waren die hier üppig wachsenden Bestände der Weißkiefer (*Pinus strobus*), die gefällt und als Kanthölzer bis nach Quebec geflößt wurden, um auf Segelschiffen nach England zu gelangen. Man sagte damals, die britische Flotte sei aus Holz vom Ottawatal gebaut.

Schottische und irische Einwanderer, aber auch einige englische Siedler (aus den USA) und französische Siedler (aus Quebec) waren in Landstriche gezogen, die vorwiegend im ebenen Land in Flussnähe lagen und landwirtschaftlich gut nutzbar waren. Aufgrund der großen Entfernung zu den bereits besiedelten Gebieten der Kolonie und infolge des harten Klimas ging die Entwicklung des Ottawatals - im Vergleich mit den südlicher gelegenen Bezirken - jedoch nur sehr langsam voran. Im Bezirk Renfrew war die Besiedlung besonders zögernd,[10] bis 1852 die erste „Siedlungsstraße" („*Government Road*") fertiggestellt wurde. Diese noch sehr provisorische Straße verband Bytown (1855 in Ottawa umbenannt) mit der etwa 150 km flussaufwärts gelegenen Kleinstadt Pembroke. Die höher gelegenen Landesteile, die ehemals die Ufer des Champlainmeeres gebildet hatten und auf dem Kanadischen Schild liegen, blieben weiterhin zumeist unbewohnt.[11]

Um zu verstehen, warum eine große Anzahl deutscher Einwanderer Mitte des 19. Jahrhunderts ins Ottawatal gebracht wurden, muss man sich die wirtschaftliche und politische Situation der damaligen Kolonie Canada vorstellen. Seit Ankunft der „Loyalisten" aus den USA Ende des 18. Jahrhunderts war die Einwanderung sehr verlang-

---

tatsächlich noch um einzelne Kolonien des 1791 gegründeten „*British North America*", wiederum einer Kolonie des Königreichs Großbritannien. Ihre Verwaltung („Regierung") entsprach etwa der Verwaltung der Provinzen des Königreichs Preußen. Siehe auch: https://de.wikipedia.org/wiki/Britisch-Nordamerika. Abgerufen: August 2018.

[10] AA (05).

[11] 1850 hatte die Kolonie Canada eine Fläche von etwa 259.000 km^2. Im Vergleich hat die Bundesrepublik eine Fläche von rund 375.000 km^2. Die riesigen nördlichen Gebiete der heutigen kanadischen Provinzen Ontario und Quebec gehörten damals noch nicht zu dieser Kolonie, sondern wurden erst nach 1867 den Provinzen des *Dominion of Canada* hinzugefügt. Die heutige Provinz Ontario hat eine Fläche von 1,079 Millionen km^2, die heutige Provinz Queebec hat eine Fläche von 1,542 Millionen km^2.

samt. Der gesamte „*British North America*“ genannte nördliche Teil Nordamerikas, der etwa dem heutigen Kanada entsprach und so groß wie ganz Europa war, hatte 1850 eine Bevölkerung von weniger als 2,5 Millionen. Die Kolonie Canada hatte 1852 weniger als 2 Millionen Einwohner, und diese lebten überwiegend nahe der Grenze zu den USA über eine Entfernung von ca. 1500 km.

Im Bestreben, die Bevölkerung zu vermehren, sah das Landgesetz (*Land Act*) von 1841 vor, staatliche Ländereien (Crown land) unter bestimmten Bedingungen preisgünstig oder sogar kostenlos an Siedler abzugeben. So wurde Land in kleinen Parzellen unter 50 *Acres* (1 *Acre* = ca. 0,4 ha, also 50 *Acres* = ca. 20 ha) zu 20 Cent pro *Acre* in abgelegenen Gegenden und zu 70 Cent pro *Acre* in zugänglicheren Gegenden angeboten. Größere Parzellen kosteten 50 Cent pro *Acre*, wobei allerdings die Vermessungskosten zusätzlich berechnet wurden.

Kostenloses Land (so genannte *Free Land Grants zu 100 Acres oder mehr*) wurde Siedlern entlang den neuen Kolonisierungsstraßen zur Verfügung gestellt, um die Besiedlung voranzutreiben, „wo es ratsam erschien, eine Bevölkerung zu bilden”, besonders in der Region des *Ottawa-Huron Tract* (zwischen Georgian Bay und dem Ottawa). Die Regierung war besorgt, dieses sehr spärlich besiedelte Gebiet könne „durch die rapide amerikanische Besiedlung im US-Staat Michigan und westlich davon” bedroht werden.[12]

Im Jahre 1852 schlug der prominente kanadische Politiker William Lyon Mackenzie vor, den *Ottawa-Huron Tract* in Landkreise (*Townships*)[13] aufzuteilen:

> „... um die rasche Besiedlung des unbewohnten *Tracts* zu gewährleisten, Kanadas Jugend eine Heimat zu schaffen, Einwanderung zu begünstigen und der Abwanderung vorzubeugen.”[14]

---

[12] Macdonald, M.

[13] Der englische Begriff *County* (wörtlich: Grafschaft - angelehnt an die britischen Grafschaften) wird in diesem Buch als Bezirk übersetzt, während die *Townships*, aus denen die *Bezirke* bestehen, hier Landkreis genannt werden. Countys (Bezirke) haben oft riesige Ausmaße. So umfasst der Bezirk Renfrew 7740 km^2, etwa die Hälfte der Fläche des Bundeslandes Schleswig-Holstein. Der Bezirk Pontiac in Quebec hat eine Fläche von fast 13.000 km^2.

[14] Kennedy, C.C.

Im folgenden Jahr verabschiedete die gesetzgebende Versammlung das neue Gesetz „*Public Lands Act*", das „*Bonafide*-Siedlern" die *Free Land Grants* noch günstiger zur Verfügung stellte. Dadurch wurden die *Free Land Grants* im Ottawatal zum Instrument, das in den nächsten 15 Jahren Tausende von Einwanderern in die Region bringen sollte. Trotzdem erwies sich das *Free Land Grant*-System als Fehler, weil die Siedlungsstraßen durch Gebiete führten, deren landwirtschaftliche Erschließung sich als äußerst schwierig, wenn überhaupt durchführbar erwies. Ein weiteres Problem war, dass es - obwohl Ansiedlung zur Bedingung gemacht worden war - Spekulanten gelang, die handelbaren „*Location Tickets*" zu erwerben. So gelangte Grundbesitz, der für sofortige Entwicklung vorgesehen war, oft in die Hände „abwesender Grundherren", die daran interessiert waren, das Land im Zustand der Wildnis zu belassen. Im Jahre 1860 befanden sich mehr als 2,5 Millionen *Acres* an „*Free Grant Land*"" im Besitz von Spekulanten ohne Interesse an Besiedlung. Die Betreiber der Holzfällerei betrachteten die neuen Straßen lieber als Transportwege statt als Arterien für Siedler, die daran interessiert waren, den borealen Urwald in Farmland zu verwandeln.

Im Jahre 1856 beschrieb Landwirtschaftsminister P.M. Vankoughnet[15] das Ottawatal in euphorischen Tönen:

> „Das Land im Ottawatal ist in der Lage, eine Bevölkerung von acht Millionen Menschen zu ernähren und verdient jetzt allgemeine Beachtung, weil die weiter westlich gelegenen Gebiete Kanadas schnell ausgefüllt werden." (Werbetext in der Zeitung *St. Catherines Journal vom* 28. August 1856.)

Um 1856 bestanden die „westlichen Gebiete" Kanadas (d.h. der Kolonie Canada) aus dem heutigen Südontario. Im Jahre 2019 hat die gesamte Provinz Ontario ca. 15 Millionen Menschen, aber das von Vankoughnet angesprochene "Land im Ottawatal" ist immer noch spärlich besiedelt. So wohnen heute ca. 1,4 Millionen Menschen auf einem Gebiet von etwa 24.000 km^2 einschließlich fast einer Million

[15] Philip Michael Vankoughnet, dessen Vater elsässischer Abstammung war, diente von 1849 bis 1858 als Landwirtschaftsminister.

allein im Großraum von Ottawa, der 2800 km^2 umfasst. Der Bezirk Renfrew (7419 km^2) hatte 2018 eine Bevölkerungsdichte von 11,8/km^2, während zum Beispiel der in Südontario gelegene Bezirk Essex eine Bevölkerungsdichte von 215/km^2 aufweist.[16]

Im Jahre 1856 berief die Regierung der Kolonie Canada Zeugen, die vor einem Landbewirtschaftungs-Ausschuss zum Ausdruck bringen sollten, ob sie es für durchführbar hielten, das Land für eine großangelegte Einwanderungsmaßnahme zu öffnen. Einer der Zeugen, der im Staatsdienst tätige Bauingenieur Thomas Keefer, legte einen ausführlichen Bericht vor, in dem er die weitere landwirtschaftliche Entwicklung im Ottawatal befürwortete. Es ist nicht bekannt, ob der aus Südontario stammende Keefer jemals das auf dem Kanadischen Schild gelegene Obere Ottawatal betreten hat und ob er überhaupt die geologischen und bodenkundlichen Unterschiede zwischen dem Ottawatal und Südontario kannte.

Um Siedlern Zugang zum *Ottawa-Huron Tract* zu verschaffen, baute die Regierung nun „drei große Straßen" - die *Addington Road*, die *Hastings Road* und die *Ottawa and Opeongo Road*. Die Letztere war bereits 1852 von dem staatlichen *Land Surveyor* Robert Bell vermessen worden. Unter dem damaligen „Straßenbau" im Oberen Ottawatal muss man sich vorstellen, dass es sich um das Fällen von Bäumen und die Beseitigung des Unterholzes handelte. In sumpfigen oder feuchten Gebieten wurden gefällte Bäume einer gewissen Größe cordartig von links und rechts über die entstandene Schneise gelegt, sodass ein notdürftig befestigter Streifen entstand, den man wohl besser Waldweg statt Straße bezeichnet hätte.

[16] https://en.wikipedia.org/wiki/List_of_Ontario_census_divisions_by_population. Abgerufen: Juni 2018.

Abbildung 4: „Cordstraße": Überbleibsel der Opeongo Road. Foto: Autor.

Die allgemein nur *Opeongo Road* genannte „Straße" begann an der Anlegestelle Farrell's Landing, nahe der Mündung des *Bonnechere River* in den Ottawa, ca. 12 km östlich des damaligen Fleckens - der heutigen Stadt - Renfrew entfernt. Die ersten 35 km der *Opeongo Road* gehörten jedoch nicht zum *Free Land Grant*-Programm. Die nach dem Großen und dem Kleinen Opeongo-See (heute im Algonquin-Park gelegen) benannte Straße sollte diese Seen zwar erreichen, ging aber nie über den Flecken Madawaska hinaus, etwa 160 km vom Straßenbeginn entfernt.

Im Jahre 1854 wurde die *Opeongo Road* für den „Winterverkehr" eröffnet. Sie war gedachte 16 Fuß (ca. 5 m) breit, von denen aber nur 9 Fuß (ca. 2,7 m) „in der Mitte gerodet" wurden. Die als Siedlungsstraße geplante Route diente jedoch der Holzfällerei weit mehr als den erwarteten Einwanderern/Siedlern. Macdonald[17] vermutet sogar stark, die Kolonisierungsstraßen seien in Wirklichkeit zum Nutzen der Holzwirtschaft angelegt worden: „Es war das Holz und die damit erzielten Staatseinnahmen, die in erster Linie die Straßenbaupolitik der Regierung beeinflussten, während eine eventuelle Besiedlung scheinbar nur am Rande erwähnt wurde."

Bis etwa 1856 waren die meisten Siedler entlang der *Opeongo Road* Iren, die somit auch bereits das besser als Farmland erschließbare Land in Besitz genommen hatten. Im Jahre 1857 verfügte die Regierung die Einwanderung deutscher Siedler „in einer Umgebung, die dem Land gleicht, aus dem sie kommen." Obwohl viele deutsche Familien *Free Land Grants* entlang der *Opeongo Road* erwarben, siedelten die meisten notgedrungen in Landkreisen *abseits* der eigentlichen „Straße" weiter nördlich im Bezirk Renfrew, wo sie weit bessere Böden fanden und ein Vakuum füllen konnten.

Die deutsche Einwanderung ins Ottawatal war nicht auf die Gebiete am Südufer des Ottawa in der heutigen Provinz Ontario beschränkt. Der Landkreis Thorne im Bezirk Pontiac sowie Teile des Bezirks Labelle auf der Nordseite des Ottawa - in der heutigen Pro-

[17] Ibid., S. 17.

vinz Quebec - haben zur gleichen Zeit viele deutsche Siedler aufgenommen.

Es wären weitere Studien erforderlich, um festzustellen, ob die Regierung der Kolonie Canada ihre Einwanderungsagenten in Ottawa, im Hafen von Quebec und in Deutschland angewiesen hatte, diese Landkreise im heutigen Quebec im allgemeinen Siedlungsprogramm für das Ottawatal einzuschließen oder ob diese Familien damals unter einem anderen Programm ins Land gekommen sind. Wahrscheinlich ist, dass es nur ein Programm gab, denn schließlich gehörten beide Gebiete zu der seit 1840 vereinten Kolonie Canada.

2 Auf der Suche nach Einwanderern

Die zahlreichen Königreiche, Fürstentümer, Herzogtümer und Freien Städte, aus denen sich Deutschland vor Gründung des 2. Deutschen Reiches nach dem Deutsch-Französischen Krieg von 1870/71 zusammensetzte sowie das vereinigte Deutschland danach haben insgesamt Millionen ihrer Bürger als Auswanderer nach Nordamerika entlassen. Schätzungen der Auswandererzahlen schwanken, aber es ist wahrscheinlich, dass in den hundert Jahren zwischen 1820 und 1920 etwa sechs Millionen Deutsche ihre Heimat nach Übersee, vorwiegend in die Vereinigten Staaten von Amerika, verließen.[18] Jonathan Wagner (S. 25) zitiert Marschalck[19], wonach Kanada zwischen 1850 und 1870 rund 52,400 deutsche Einwanderer aufgenommen hat. Das waren mehr als 11 % der gesamten westeuropäischen - einschließlich britischen - Einwanderung nach Nordamerika in diesem Zeitraum (geschätzt auf eine halbe Million). Aus diesen Zahlen geht hervor, dass die etwa 8000 Deutschen, die zwischen 1857 und 1870 ins Ottawatal kamen, mehr als 15 % der deutschen Einwanderung nach Kanada betrugen. Die meisten deutschen Auswanderer nach Kanada um Mitte des 19. Jahrhunderts siedelten sich wohl in Südontario an, vorwiegend im Bezirk Waterloo, wo bereits früher eine starke deutsche Einwanderung begonnen hatte, die jedoch nicht von der Regierung gesteuert war.

In ganz Nordamerika genossen Deutsche einen guten Ruf als Siedler und bildeten die zweitstärkste Einwanderergruppe nach Bewohnern der Britischen Inseln. In den heutigen USA geben etwa 50

[18] http://www.deutsche-auswanderer-datenbank.de/index.php?id=532. Abgerufen: Juni 2018.

[19] Deutsche Überseewanderung im 19. Jahrhundert. Ein Beitrag zur soziologischen Theorie der Bevölkerung [Peter Marschalck], 1999.

P. Hessel, *Ziel: Ottawa Valley*, https://doi.org/10.1007/978-3-658-31571-9_3

Millionen Einwohner an, deutsche Wurzeln zu haben. In Kanada gaben beim Census von 2016 bei einer Einwohnerzahl von insgesamt 36 Millionen mehr als 3,3 Millionen Befragte an, mindestens teilweise deutscher Abstammung zu sein. In Deutschland hatte sich schon im frühen 19. Jahrhundert die Auswanderungshilfe zum Geschäftszweig entwickelt: In den meisten größeren Städten gab es mindestens einen gewerblichen Auswanderungsagenten.[20]

Vor Mitte des 19. Jahrhunderts stammten deutsche Einwanderer in Kanada vorwiegend aus Süddeutschland. Behörden in den süddeutschen Königreichen und Fürstentümern waren damals eifrig bemüht, unerwünschte Bürger auf Kosten fremder Länder „abzuschieben”, um Unterhaltskosten einzusparen. Nach 1855 versiegte diese Einwanderungsquelle jedoch, weil die „staatlich geförderte Auswanderung” abgeschafft wurde. Die Regierung der Kolonie Canada war gezwungen, sich anderswo nach deutschen Siedlern umzuschauen. Bis zu den 1850er Jahren hatte die Regierung der Kolonie Canada noch keine ernsthaften Versuche unternommen, deutsche Einwanderer zu gewinnen. Jonathan Wagner (S. 40) nennt ihre ursprünglichen Rekrutierungsversuche „unsystematisch und planlos”, die Rolle der danach gebildeten Einwanderungsagenturen und deren Agenten jedoch „eine möglicherweise problematische dritte Kraft zwischen den Schub- und Zugkräften“. Zum Teil hatten frühe Werbekampagnen versagt, weil sie sich nicht an die richtigen Bevölkerungsteile wandten. Ein erster Hinweis auf kanadische, in Deutschland in deutscher Sprache herausgegebene Broschüren ist ein Leserbrief vom 29. Dezember 1852[21], der kanadischen Regierungsstellen riet, nicht mit Agenten zu arbeiten. Die Werbebroschüre, auf die sich der Leserbrief bezog, stammte von F. Widder (über den sonst nichts bekannt ist). Sie wurde „für Deutsche unverständlich” genannt:

> „Nachdem ich die kleine Drucksache von F. Widder gelesen habe, kann ich nur schließen..., dass sie in allen Dingen, die mit Auswanderung zu tun ha-

[20]https://berufe-dieser welt.de/auswanderungsagent/. Abgerufen: Juni 2018.

[21] Deutsche Auswandererzeitung, Vol. 2392. Leserbrief von H. Montamis „Zum Thema deutsche Einwanderer" vom 29.12.1851 in Bezug auf einen Beitrag von F. Widder.

ben, komplett falsch ist. Es scheint mir ein besonderer Grund zu sein, warum so wenige Auswanderer nach Kanada kommen, besonders vom europäischen Kontinent (Deutschland, Frankreich, Belgien usw.)... Das literarische Produkt (von Widder) spricht eine Menschenklasse an, die in keiner Weise dazu geneigt ist, auszuwandern. Jene, welche diese Absicht haben, können nicht verstehen und begreifen, was der Autor ihnen erzählt ...
„Für Deutsche ist die Beschreibung des Herrn Widder unverständlich. Eine Person, die eine solche 'Einladung' schreibt, sollte mit den Umständen und Ansichten der angesprochenen Menschen vollkommen vertraut sein, da sie ihn sonst nicht verstehen können. Herr Widder irrt sich in Bezug auf das Land und die Leute, die er anspricht, und es ist daher kein Wunder, dass er keinen großen Erfolg hat...
„Und... es ist eine große Frage, ob die Regierungen in Deutschland Auswanderungsagenten erlauben, hier zu wirken. (Viele sind schamlos von amerikanischen Agenten betrogen worden.) Es wäre ratsamer, mit diesen Regierungen direkt zu kommunizieren und auf diese Weise das Vertrauen der 'besseren Klassen' zu erwerben.
„Die Kanadier brauchen keine *armen* Leute. Unser Hauptziel sollte sein, Einwanderung aus den Reihen der so genannten besseren Klassen in Deutschland zu erhalten. Man sollte irgendwo in Deutschland eine Zeitung herausbringen und so die Vorzüge Kanadas im Vergleich zu den USA darstellen. Das mag junge Männer der besseren Klassen dazu bewegen..., herüber zu kommen."

Es gibt keinen Hinweis darauf, dass das Einwanderungsministerium (Royal Immigration Department) der Regierung der Kolonie Canada diesen Rat befolgt hat. Jahrelang bestand deren Einwanderungspolitik - jedenfalls in Bezug auf Deutschland - aus Werbung durch Agenten, die Werbematerial in verschiedenen deutschen Staaten verteilten. Tabelle 1 enthält eine Liste von Beamten in Kanada (und 1 in Deutschland), die aktiv am Kolonisierungsprogramm für das Ottawatal beteiligt waren.

Tabelle 1: Kanadische Beamte, die aktiv am Kolonisierungs-Programm für das Ottawatal (1857-67) beteiligt waren.

P.M. Vankoughnet	Minister für Staatsländereien; Landwirtschaftsminister (auch für Einwanderung zuständig)
William Hutton	Sekretär im Landwirtschaftsamt
(W.) A.C. Buchanan	Leitender Einwanderungsagent im Hafen von Quebec
Andrew Russell	Assistent von P.M. Vankoughnet
T.P. French	*Crown Land Agent* für die *Opeongo Road. Er* wohnte in Mount St. Patrick
William Sinn	Erst Dolmetscher, ab 1853 Assistent für Buchanan, dann Einwanderungsagent im Hafen von Quebec - bis in die 1860er Jahre.
William Wagner	Einwanderungsagent in Deutschland (Berlin), 1860 bis ?
Francis Clemow	Einwanderungsagent in Ottawa ab 1862 Einwanderungsagent im Hafen von Quebec, April 1857 - 1861
Mr. Wills	Einwanderungsagent in Ottawa ab 1862
A. Coulan	Einwanderungsagent im Hafen von Quebec; 1858 gestorben
William Schmidt	Dolmetscher im Hafen von Quebec, 1858, Nachfolger von A. Coulan
Louis Fecht	Dolmetscher in Ottawa, Assistent von Clemow; ernannt im April 1859

Der erste offizielle kanadische Einwanderungsagent, von dem in Deutschland etwas bekannt wurde, war der in Preußen gebürtige William Sinn. Er wurde schon 1851 zum Dolmetscher und 1853 zum Assistenten des Einwanderungsagenten (A.C. Buchanan) der kanadischen Regierung im Hafen von Quebec ernannt. Obwohl der Autor dieser Studie keine Beweise finden konnte, ist es möglich, dass Sinn bereits Ende der 1840er Jahre in Deutschland tätig war. In einem in Deutschland verbreiteten Flyer hieß es, Sinn habe „sein ganzes Leben der Tätigkeit gewidmet, dem Wohl seiner deutschen Landsleute zu dienen und sie mit allen erforderlichen Informationen zu versorgen über die billigsten und besten inländischen Reisemöglichkeiten ... und die Möglichkeiten, Land zu erwerben.“ Bei eventuellen Beschwerden über Missbrauch von Einwanderern, werde er „dafür sorgen, dass Schritte unternommen werden, die Schuldigen zur Rechenschaft zu ziehen". Er spiele auch eine „Rolle als Betreuer, Aufseher und Begleiter". Laut der [in Bremen erschienenen] Deutschen Auswanderer-Zeitung habe der deutschsprachige Sinn auch die Aufgabe, "Gauner... daran zu hindern, deutsche Familien um ihr schwer verdientes Geld zu betrügen, was in den letzten Jahren häufig geschehen ist". Er sei auch „leicht zu erkennen, da er nur ein Auge hat."

Sinn, der vor 1857 von seinem Büro im Hafen von Quebec aus noch mit Regierungsstellen in Baden und Württemberg korrespondiert hatte, erzielte damals ziemlichen Erfolg, Deutsche für Kanada anzuwerben - die dann allerdings hauptsächlich in die Stadt Berlin (später Kitchener genannt) und in den benachbarten Bezirk Waterloo in Südontario auswanderten. Sinn wirkte auch als Agent für die *Grand Trunk Railway*[22] und für die *Michigan Central Railroad.* Im Juli 1856 berichtete die Zeitung *Journal de Québec*, Sinn habe „ein großes Stück Land im Gebiet von St. Maurice" gewählt, um deutsche Einwanderer anzusiedeln. Im New Brunswick Courier wurde er zusammen mit anderen Agenten auch beschuldigt, zu unabhängig zu sein:

> „... selbst unter den Augen ihrer Vorgesetzten und der Öffentlichkeit tun (sie) mehr oder weniger, was sie wollen, weil sie wissen, dass ihr Auftrag lediglich ein Job ist."[23]

---

[22] GCY (02) - Siehe: Unterlagen im Hauptstaatsarchiv Stuttgart.

[23] The New Brunswick Courier, 2. August 1856. Zitiert in Bausenhart,W.: The German settlement in Ladysmith, Quebec, and the dialect spoken by its settlers.

3 Die alte Heimat

Zwischen 1815 und 1845 wuchs die deutschsprachige Bevölkerung in den zahlreichen deutschen Ländern (ohne Habsburger Monarchie) von 25 auf nahezu 35 Millionen. Dieser Bevölkerungsdruck erzeugte Massenarmut bzw. Verelendung, ein Phänomen das man damals als Pauperismus[24] bezeichnete. Hauptsächlich davon betroffen waren Handwerker, landwirtschaftliche „Tagelöhner" sowie das neu entstandene industrielle Proletariat. Im Jahre 1846 waren im Königreich Preußen erst 4 % aller Arbeiter in der Industrie beschäftigt[25], während der weitaus größte Anteil der Arbeitskräfte noch aus Landarbeitern bestand.

Tagelöhner und ihre Familien wurden als „die vierte Klasse" oder „der vierte Stand" bezeichnet.[26] Löhne waren so niedrig, dass es den Männern unmöglich war, ihre Familien zu ernähren. (Natürlich wurden damals Frauen als Familienoberhäupter offiziell weder beachtet noch gezählt). Die Übergangszeit zwischen einer vorwiegend landwirtschaftlichen Gesellschaft und der kommenden Industriegesellschaft zeichnete sich durch niedrige Produktionskosten aus, die sich nur durch Niedrigstlöhne, lange Arbeitszeiten, Kinderarbeit und die niedrigsten gesellschaftlichen Standards aufrechterhalten ließen.

Die meisten Auswanderer nach Kanada in den 1850er und 1860er Jahren gehörten dieser unglückseligen „vierten Klasse" an, wie aus den von den Reedereien zusammengestellten Passagierlisten der Auswandererschiffe hervorgeht, in denen auch die Berufe verzeichnet

---

[24] https://www.google.com/search?q=Pauperismus&ie=utf-8&oe=utf-8&client=firefox-b. Abgerufen: Juni 2018.
[25] http://www.landarbeiter.eu/das-koalitionsrecht. Abgerufen: Juni 2018.
[26] http://www.historische-eschborn.de/berichte/eschborn/Der_Vierte_Stand/Vorwort/vorwort.html. Abgerufen: Juni 2018.

P. Hessel, *Ziel: Ottawa Valley*, https://doi.org/10.1007/978-3-658-31571-9_4

waren (siehe Anhang B). Die arbeitende Bevölkerung in den Dörfern Mecklenburgs und in den preußischen Ostprovinzen lebte in bitterer Armut ohne irgendeine Hoffnung auf eigenen Landbesitz oder Verbesserung ihres Lebensstandards. Als Agenten der kanadischen und amerikanischen Regierungen diesen Menschen „kostenloses Land" versprachen, klangen ihnen diese Versprechungen wie die Antwort auf ihre Träume und Gebete.

Karte 1: Mitteleuropa um 1860

Die überwiegende Mehrzahl der im mittleren 19. Jahrhundert ins Ottawatal gezogenen Einwanderer kam aus folgenden 8 Teilen des damaligen Deutschlands:

IM DEUTSCHLAND VOR 1871

war eines der vielen deutschen Länder:
DAS KÖNIGREICH PREUSSEN.

Zu den 12 Provinzen des Königreichs Preußen gehörten:

1. PROVINZ POMMERN

2. PROVINZ PREUSSEN
(bestehend aus Westpreußen und Ostpreußen)

3. PROVINZ POSEN

4. BRANDENBURG

5. SCHLESIEN

6. SACHSEN (-Anhalt)

Nicht zu Preußen gehörten die Großherzogtümer

7. MECKLENBURG-STRELITZ und 8. MECKLENBURG-SCHWERIN

Im Jahre 1857 bestand Deutschland - allerdings etwas vereinfacht ausgedrückt - aus einem lockeren Verband von 28 autonomen Staaten, dem Deutschen Bund, zu dem auch noch das Kaiserreich Österreich (die Habsburger Monarchie) gehörte. Der bei weitem größte und einflussreichste dieser Staaten - abgesehen von Österreich - war das Königreich Preußen (Hauptstadt: Berlin). Im Laufe der Zeit änderte sich die Anzahl der preußischen Provinzen und Hoheitsgebiete ständig.

Um 1857 bestand Preußen vorwiegend aus den zwei Rheinprovinzen im Westen Deutschlands und sechs Provinzen im Osten. Die überwiegend von Polen bewohnte Provinz Posen wurde 1918 dem wieder erstandenen Polen zugeteilt. Die anderen „Ostprovinzen" wurden nach dem 2. Weltkrieg zwischen der Sowjetunion (heute Russland), Polen und der sowjetischen Besatzungszone Deutschlands (der späteren DDR) aufgeteilt.

Das gesamte Preußen verschwand 1919 als Staatsgebilde. Ostpreußen gehört heute größtenteils zu Polen und zu einem kleineren Teil zu Russland. Die deutschen Gebiete - die Provinzen Preußen, der größte Teil von Pommern (Hinterpommern), Schlesien sowie Brandenburg östlich der Oder gehören heute zu Polen. Die deutschen Bewohner dieser ehemals zu Deutschland gehörenden Gebiete verließen ihre Heimat 1945 als Flüchtlinge oder wurden ausgewiesen. Sie wurden durch Polen aus dem von der Sowjetunion 1945 annektierten Gebiet ersetzt, das heute zur Ukraine gehört. Nur der westliche Teil von Pommern (Vorpommern), die „Provinz Sachsen" (das heutige Sachsen-Anhalt), der westliche Teil von Brandenburg und ein sehr kleiner Teil von Niederschlesien links der Neiße (Zentrum: Görlitz) gehören noch zu Deutschland.

Bis zur „Wiedervereinigung" 1990 gehörten diese letzteren Gebiete zur DDR. Seitdem sind sie Teil der sechs so genannten „Neuen Bundesländer":

1. Berlin (Stadt und Bundesland)
2 Mecklenburg-Vorpommern (Hauptstadt: Schwerin)
3. Brandenburg (Hauptstadt: Potsdam)
4. Thüringen (Hauptstadt: Erfurt)
5. Sachsen-Anhalt (Hauptstadt: Magdeburg)
6. *Freistaat* Sachsen (Hauptstadt: Dresden).

Diese komplizierten politischen Verhältnisse und Gebietsveränderungen sind für Nordamerikaner - aber auch für viele jüngere Deutsche -

nur sehr schwer nachvollziehbar. Zur Vereinfachung kann gesagt werden: Die weitaus meisten deutschen Einwanderer ins Ottawatal im 19. Jahrhundert wurden in den östlichen Provinzen des Königreichs Preußen (in Pommern, im westpreußischen Teil der Provinz Preußen[27], in den Provinzen Posen und Brandenburg) sowie in den nichtpreußischen Fürstentümern Mecklenburg-Schwerin und Mecklenburg-Strelitz angeworben.

1. Die Provinz Pommern

Von den Einwanderern, die sich im Ottawatal ansiedelten, kamen wohl die meisten aus der preußischen Provinz Pommern. Heute ist Pommern politisch geteilt. Der kleinere westliche Teil (Vorpommern) gehört zum Bundesland Mecklenburg-Vorpommern. Die Städte Anklam, Greifswald, Stralsund und Wolgast liegen in Vorpommern, und auch die Inseln Rügen und Usedom gehören dazu. Der bedeutend größere östliche Teil (Hinterpommern) wurde nach dem 2. Weltkrieg Polen zugesprochen und heißt seitdem *Pomorze*. Zu Hinterpommern gehört auch ein Teil des Stammlands der ebenfalls ins Ottawatal ausgewanderten Kaschuben.[28]

Um Mitte des 19. Jahrhunderts wohnten in ganz Pommern 1,2 Millionen Menschen. Die zu 70 % ländliche Bevölkerung war fast ausschließlich deutschsprachig. Nur im extrem östlichsten Teil nahe der Grenze zu Westpreußen - in der Weichselniederung - wohnte ein kleiner Rest einer früheren westslawisch-sprachigen Bevölkerung - die Kaschuben.[29] Pommern war überwiegend landwirtschaftlich ge-

[27] Der Name „Westpreußen" ist irreführend, denn dieser Teil der Provinz Preußen lag keineswegs im Westen, sondern im Osten des Königreichs Preußen. Westpreußen war jedoch westlich vom noch weiter östlich gelegenen Ostpreußen.

[28] https://de.wikipedia.org/wiki/Kaschubei. Abgerufen: Februar 2019.

[29] Im Jahre 1859 und danach wurden auch viele Kaschuben im Ottawatal angesiedelt Sie wurden von den kanadischen Einwanderungsstellen irrtümlich „Preußen" oder „Polen" genannt. Obwohl die Kaschuben zwar aus den politisch zu Preußen gehörigen Gebieten (Pommern und Provinz Preußen) kamen, war es falsch, sie im Gegensatz zu den deutschen Einwanderern aus denselben Gebieten „Preußen" zu nennen. Sie waren Kaschubisch sprechende Preußen, und die Deutschen waren Deutsch sprechende Preußen. Ebenso falsch war es, sie Polen zu nennen. Zwar ist ihre Sprache mit dem Polnischen verwandt, und die Heimat der damals ausgewanderten Kaschuben gehört seit 1945 zu Polen - wie auch die Heimat der von dort ausgewanderten Deutschen. Aber die nach Kanada

prägt. Großgrundbesitz war die vorherrschende Wirtschaftsform, bei der die oft adligen („Junker" genannten) Besitzer der Rittergüter und anderer großer landwirtschaftlicher Betriebe die arme arbeitende Bevölkerung zum Teil stark ausnutzten und unterdrückten. Obwohl der Feudalismus, die eigentliche Leibeigenschaft (praktisch eine Form der Sklaverei) schon Anfang des 19. Jahrhunderts allmählich - jedenfalls offiziell - abgeschafft worden war, bestanden Teile dieses Systems noch lange weiter und waren auch Mitte des Jahrhunderts noch üblich.[30]

Die Hauptstadt von Pommern war Stettin, in Nähe der südlichen Ostseeküste an der Mündung der Oder in das Stettiner Haff (polnisch: Zalew Szczeciński). Stettin gehört heute zu Polen und trägt den Namen Szczecin. In Pommern - wie auch in der Provinz Preußen und in Mecklenburg - war die Sprache des Volkes Plattdeutsch (offiziell Niederdeutsch genannt). Dabei bezieht sich „Nieder" natürlich auf die flache Norddeutsche Tiefebene im Gegensatz zu den höher gelegenen südlichen Gebieten Deutschlands und nicht - wie man irrtümlicherweise im Ottawatal manchmal hört - auf eine „niedrigere" Ausdrucksweise oder eine „primitive" Form des Hochdeutschen. Niederdeutsch ist kein Dialekt, sondern eine mit dem Hochdeutschen eng verwandte, aber eigenständige westgermanische Sprache mit ihrem eigenen Wortschatz und ihrer eigenen Grammatik. In mancher Hinsicht ist Niederdeutsch sogar mehr mit dem Englischen, Friesischen und Niederländischen verwandt als mit dem Hochdeutschen. Wie das Hochdeutsche teilt sich auch das

---

ausgewanderten Kaschuben waren weder ethnisch noch politisch Polen. Siehe https://de.wikipedia.org/wiki/Kaschuben. Abgerufen: Februar 2018.

[30] http://www.landarbeiter.eu/das-koalitionsrecht: Abgerufen: Juni 2018.
In einer königlichen Verordnung für Preußen von 1795 heißt es wörtlich: „Wir haben aus höchst eigener Bewegung verordnet, dass das in unserem allgemeinen Landrechte den Gutsherrschaften, deren Beamten und Pächtern beigelegte Züchtigungsrecht gegen faules, unordentliches und widerspenstiges Gesinde ferner hin nicht durch willkürliches Schlagen ausgeübt, sondern zur Vermeidung allermöglichen Exzesse andere erlaubte Züchtigungsmittel vorgeschrieben werden sollen. Der Gebrauch einer ledernen Peitsche und nur eine damit auf den Rücken, auf die Kleider zu erteilende mäßige Anzahl von Hieben ist für das schicklichste und der Gesundheit unschädlichste Surrogat des Stockes erfunden worden."

Niederdeutsche in viele Dialekte auf, die zum Beispiel stark zwischen Westfalen oder Niedersachsen und Schleswig-Holstein oder Mecklenburg-Vorpommern variieren.[31]

Sehr viele deutsche Einwanderer ins Ottawatal sprachen Niederdeutsch untereinander. Jedoch waren sie zumeist auch in der Lage, sich auf Hochdeutsch zu verständigen, denn an den Schulen in ihrer alten Heimat wurde in der Regel auf Hochdeutsch unterrichtet.

Den Unterschied zwischen Niederdeutsch und Hochdeutsch erkennt man gut an den ersten Zeilen eines Gedichts von Fritz Reuter[32] im Mecklenburger Dialekt. (Übersetzung ins Hochdeutsche vom Autor dieses Buches).

Niederdeutsch (Plattdeutsch)	**Hochdeutsch**
De Reknung ahn Wirt	**Die Rechnung ohne den Wirt**
„Gu'n Morgen, Herr Avkat, mi is dor wat passiert,	„Guten Morgen, Herr Advokat, mir ist was passiert,
mi hett dor up de Strat so'n utverschamtes Dirt	mir hat auf der Straße so'n unverschämtes Tier
von Köter in de Beinen beten	von Köter in die Beine gebissen
un mi en Stück ut mine Büxen reten.	und mir ein Stück aus meiner Hose gerissen.
Dat is 'ne ganze nige Hos',	Das ist 'ne ganz neue Hose,
un ik wull Sei doch blot mal fragen,	und ich will Sie doch bloß mal fragen,
ob ik den Kirl nich künn verklagen,	ob ich den Kerl nicht kann verklagen,
de so 'n betschen Hund lett los'..."	der so'n bissigen Hund loslässt ..."

Die Ähnlichkeit zwischen Niederdeutsch und Englisch - im Gegensatz zum Hochdeutschen - lässt sich zum Beispiel durch folgende Wörter erkennen:

Niederdeutsch	**Englisch**	**Hochdeutsch**
twee	two	zwei
fiev	five	fünf
tein	ten	zehn
he	he	er
wi	we	wir
wat	what	was
Heven	heaven	Himmel
Morn	morning	Morgen
Schipp	ship	Schiff
Avend	evening	Abend

[31] https://de.wikipedia.org/wiki/Niederdeutsche_Sprache. Abgerufen: Juni 2018.
[32] Fritz Reuter, Läuschen un Rimels.

Water	water	Wasser
Plant	plant	Pflanze
Appel	apple	Apfel
Kau	cow	Kuh

In einer interessanten Abhandlung über die Auswanderung in den 1860er Jahren aus Pommern, auf Seiten 208 ff. im „Landbuch des Herzogthums Pommern und des Fürsthenthums Rügen", das 1872 als Teil des „Landbuchs von Pommern und Rügen" in Berlin erschien, werden Zahlen über die Auswanderung in den 1860er Jahren angegeben, und es kommt die Besorgnis (des Herausgebers) zum Ausdruck, die verstärkte Auswanderung könne unerwünschte Folgen für Pommern haben:[33]

> „**7. Einwanderung und Auswanderung.** Erstere ist nicht der Rede wert ... Dagegen hat die Auswanderung, wie in ganz Pommern, so auch im Naugarder Kreise, namentlich in jüngster Zeit eine Bedenken erregende Höhe erreicht, gegen die die gesetzgebenden Gewalten einzuschreiten sich berufen fühlen müssen."

Die Tabelle auf S. 208 enthält Angaben über die von 1860 bis 1867 aus dem Kreis Naugard (heute Nowogard/Pomorze in Polen) nach Nordamerika ausgewanderten Personen:

Jahr	**Nach Nordamerika ausgewanderte Personen**
1860	26
1861	191
1862	229
1863	130
1864	77
1865	145
1866	300
1867	503
Insgesamt	**1592**

[33] Siehe Berghaus, Heinrich,

„Von den 513 Personen, welche im Jahre 1867 die heimische Erde verließen, auf der ihre Wiege gestanden, und die ihnen bisher den auskömmlichen Lebensunterhalt gewährt hatte, waren dem Familienstande nach:"

(Berufe der 1867 aus dem Kreis Naugard ausgewanderten Personen:)	
Landwirte, selbstständige Gutsbesitzer, Inspectoren, Verwalter	11
Landwirtschaftliche Dienstleute, Knechte und Mägde	175
Handwerksmeister	19
Handwerksgesellen und Fabrikarbeiter aus Ziegeleien usw.	21
Vom Handelsstande	1
Personen ohne Berufsangabe (= Ehefrauen und Kinder)	279

„Das Hauptziel der Auswanderung ist das Land der absoluten [sic] Freiheit, politischer wie religiöser (ob auch sittlicher?), die Vereinigten Staaten von Amerika. Mancher Auswanderer geht auch nach Canada... Über den Grund der Auswanderung kann nur angeführt werden, dass die Leute, meist unbemittelte, mit vielen Kindern gesegnete Tagelöhner, meinen ihre Arbeitskraft in der Neuen Welt besser verwerthen und ihren Kindern eine sorgenfreie Zukunft schaffen zu können als es im Vaterlande möglich zu sein scheint; viele klagen aber auch über zu hohe und drückende Abgaben, namentlich für Schule, von der sie überdem, dessen sind selbst schon sie innen geworden, unter den obwaltenden Regulativ-Bedingungen von schablonenartig zugerichteten Lehrern nicht Ersprießliches für den Unterricht und die Erziehung der ländlichen Jugend mehr erwarten. Mehrfach werden sie auch von den bereits in Amerika lebenden Verwandten und Bekannten zur Auswanderung angeregt, die sogar von ihren dortigen Ersparnissen baare Geldmittel zur Deckung der Überfahrtkosten zu senden pflegen. Welchen Einfluss das Agenten-Unwesen in schnöder, selbstsüchtiger Gewinnsucht von Bremen, Hamburg und Berlin her durch die Verführkünste der im Lande verbreiteten Unter-Agenten auf die Auswanderung übt, ist an anderen Stellen des [Landbuchs] des Weitern erörtert worden ... Hohe Zeit ist, ... die gesetzgebende Gewalt gegen das entsittlichende Treiben, namentlich der im Lande herumziehenden Winkel-Agenten, die in den Einschiffungs-Häfen ihre Helfershelfer haben, mit Ernst einschreite."

Interessante geschichtliche Beschreibungen und viele Bilder von Vorpommern und Hinterpommern findet man in den Büchern von Hans-Ulrich Engel, Pommern, und Dirk Schleinert et al., Das Alte Pommern.

2. Die Provinz Preußen (West- und Ostpreußen)

Viele der Einwanderer kamen aus der damals Provinz Preußen genannten Region.[34] Dieser Name erfordert unbedingt eine Erklärung.[35] Die Provinz Preußen war eine Provinz des Königreichs Preußen. Sie entstand 1824 durch Zusammenlegung der zuvor Ostpreußen und Westpreußen genannten Provinzen und existierte bis 1878. (Danach wurde sie wieder in Ost- und Westpreußen geteilt.) Die Hauptstadt der Provinz Preußen war Königsberg (das heutige Kaliningrad im gleichnamigen russischen Oblast). Danzig, Thorn, Marienburg und Marienwerder gehörten zu den größten Städten in Westpreußen.

Die Provinz Preußen stand fest unter deutscher (preußischer) Herrschaft. Ihre Bevölkerung im westlichen Teil (Westpreußen) war zu etwa zwei Dritteln deutschsprachig. In einigen Landstrichen der Provinz gab es slawisch-sprachige Minderheiten: Polen, Litauer (im Memelgebiet), und eine Bevölkerungsgruppe in Ostpreußen, die Masurisch[36] sprach. Die Kaschuben westlich der Weichsel gehörten zu Pommern, die östlich der Weichsel zu Westpreußen, also ebenfalls zur Provinz Preußen. (Nicht vergessen: Ost- und Westpreußen hießen von 1824 bis 1876 Provinz Preußen!).

Die Provinz Preußen - mit Ausnahme der Großstädte wie Danzig und Königsberg - war überwiegend landwirtschaftlich geprägt, mit zahlreichen „ritterschaftlichen“ und nicht-ritterschaftichen Gütern. Wie die Ortsnamen in den Passagierlisten zeigen, stammten die meisten Einwanderer, die schon bei der Einschiffung in Deutschland und dann auch bei der Ankunft in Kanada angaben, „aus Preußen” zu stammen, aus dem ehemals und auch später wieder Westpreußen genannten Teil der Provinz. Der Autor hat nirgendwo im Ottawatal Nachfahren ostpreußischer Einwanderer aus der Zeit angetroffen, mit der sich diese Studie befasst, und er hat auch keine ostpreußischen

[34] https://de.wikipedia.org/wiki/Provinz_Preu%C3%9Fen. Abgerufen: Juni 2018.

[35] Die kanadischen Einwanderungsbeamten waren oft verwirrt, wenn die deutschen Einwanderer ihre Heimat unterschiedlich als „Königreich Preußen”, „Provinz Preußen”, „Preußen”, „Westpreußen” usw. und sich selbst als „Preußen”, „deutsche Preußen”, „Deutsche aus Preußen” usw. bezeichneten. Noch verwirrender waren oft die englischen Übersetzungen als „Prussia”, „Prussians”, „German Prussians” usw.

[36] https://de.wikipedia.org/wiki/Masurische_Sprache. Abgerufen: Juni 2018.

Ortsnamen in den Passagierlisten gefunden. Natürlich gibt es im Ottawatal Deutsche ostpreußischer Abstammung, aber dabei handelt es sich um Nachkriegseinwanderer und deren Nachkommen.

Die regionale Aufteilung und Bezeichnung der zwei Teile der Provinz Preußen (besonders Westpreußen) erinnert an die Situation in der ehemaligen Kolonie Canada. So wird „*Canada West*" manchmal mit dem heutigen Westen Kanadas verwechselt. Es war aber der westliche Teil der Kolonie, der seit 1867 Ontario heißt. „*Canada East*" entspricht dem Süden der heutigen Provinz Quebec. Der Autor hat Leute im Ottawatal angetroffen, die ihm erzählten: „Meine Vorfahren kamen aus Westdeutschland, wohl irgendwo am Rhein. Das weiß ich, denn mein Großvater sagte immer, er sei aus Westpreußen eingewandert." Diesen Irrtum muss man auch heute noch öfters aufklären. Die westlichen Provinzen Preußens waren Westfalen und die Rheinprovinz, aber es gibt keinerlei Hinweise auf Einwanderung ins Ottawatal aus diesen Regionen zu jener Zeit.

3. Die Provinz Posen

Die preußische Provinz Posen (mit der Stadt Posen, dem heutigen Poznań als Hauptstadt) wurde manchmal auch Polnisch-Preußen genannt, denn hier lebten Polen und Deutsche Seite bei Seite. Als der „Litauisch-Polnische Staat" 1795 zerbrach, kam Posen an das Königreich Preußen, während andere Teile dem Zarenreich Russland und dem Kaiserreich Österreich zugesprochen wurden. Erst 1919 erhielt Polen seine Souveränität wieder. Größere Städte in der Provinz neben der namensgebenden Hauptstadt Posen waren Bromberg, Schneidemühl, Gnesen und Hohensalza.

Die preußischen Provinzen Brandenburg (4), Schlesien (5), und Sachsen-Anhalt (6)

Sehr wenige der Einwanderer ins Ottawatal kamen aus den preußischen Provinzen Schlesien und Sachsen (nicht mit dem Königreich Sachsen, dem jetzigen Freistaat Sachsen, zu verwechseln).

Brandenburg
(mit Berlin als der Hauptstadt Preußens und der königlichen Residenz) war das Kerngebiet des Königreichs Preußen. Wahrscheinlich die meisten Einwanderer ins Ottawatal, die aus Brandenburg kamen, waren Wenden (Niedersorben) aus der Gegend von Cottbus. Obwohl in der Stadt selbst nur eine kleine wendische (niedersorbische) Minderheit wohnt, gilt Cottbus als das politische und kulturelle Zentrum der Sorben in der Niederlausitz.[37]

Eine große Anzahl von Familien im Ottawatal stammt von wendischen Einwanderern aus dem Raum Cottbus, die im 19. Jahrhundert zusammen mit den anderen Deutschen einreisten. Die Wenden (Niedersorben) gehören zu einer slawischen Minderheit, die als Nachkommen der *Lusici* mindestens seit dem 8. Jahrhundert in Brandenburg ansässig ist.[38] Die meisten dieser Familien siedelten sich südlich der Stadt Pembroke an, wo der Name des kleinen Fleckens Woito Station noch an sie erinnert. Unter den Familiennamen auf Grabsteinen hinter der Kirche in Woito Station fand der Autor (außer dem Namen Woito selbst) viele andere wendische Namen wie Risto, Popkie, Petznick, Shushack usw.

Obwohl es sehr interessant und nützlich wäre, die Geschichte der Wenden (Niedersorben) im Ottawatal gründlich zu erkunden, gehört eine solche Forschung nicht zum Aufgabenbereich dieser Studie.

In ihrem Buch „Ufer der Hoffnung" erstellt Trudla Malinkowa eine Namensliste von ca. 100 sorbischen Auswanderern in Kanada (S. 301-304 der 3. ergänzten Ausgabe), zum großen Teil mit Geburtsdaten, Geburtsorten, Todestagen und Todesorten. Unter den Geburtsorten wird Drachhausen 21 mal, Tauer 15 mal erwähnt. Andere Geburtsorte waren Cottbus, Dissenchen, Drehnow, Heinersbrück, Kolkwitz, Maust, Peitz, Preilack, Sachsendorf, Schmellwitz, Schmogrow, Schönhöhe, Staakow, Stelow, Striesow, Strobitz, und Turnow. Die genannten Todesorte dieser Siedler im Ottawatal waren Eganville,

---

[37] https://de.wikipedia.org/wiki/Cottbus. Abgerufen: Januar 2019.
[38] https://de.wikipedia.org/wiki/Niedersorben. Abgerufen: Januar 2019.

Golden Lake, Green Lake, Killaloe, Locksley, Palmer Rapids, Pembroke und Woito.

Malinkowa schreibt, eine Gruppe von 42 Niedersorben aus Drachhausen (die Familien Budarick, Kulasser und Rinzu) habe 1858 als erste bei den Cottbuser Behörden ihr Ausreisegesuch nach Kanada gestellt. Ihnen folgten andere Familien, die allerdings nicht alle in Kanada blieben, als der Amerikanische Bürgerkrieg vorüber war. Manche siedelten sich später im US-Bundesstaat Iowa an, wo Landsleute bereits sesshaft waren.

Abbildung 5: Woito im Bezirk Renfrew. Bethlehem-Kirche und Friedhof. Foto: Autor.

„Wendisch“[39] ist ein deutsches Wort, das so viel wie „Fremde” oder „Ausländer” bedeutet. Die in der Niederlausitz (in der damaligen Provinz, dem heutigen Bundesland Brandenburg) ansässigen Wenden nennen sich selbst *Serbja* (Sorben) und ihre Heimat *Lusiza [Lausitz]*. Offiziell heißt die in der Niederlausitz (besonders im Spreewald) gesprochene wendische Sprache auf Deutsch Niedersorbisch, und sie gilt als gefährdet. Die Wenden (bzw. Niedersorben) im heutigen Bundesland Brandenburg - und die Sorben (bzw. Obersorben) in der Oberlausitz - im heutigen Freistaat Sachsen - bilden auch heute eine kleine sprachliche und kulturelle Minderheit in Deutschland. Alle sprechen Deutsch als Hauptsprache, denn das lernen sie in der Schule. Auch die nach Kanada ausgewanderten Wenden waren zweisprachig, Wendisch und Deutsch, wie mir die in und um Woito lebenden Nachfahren versicherten. Die Wenden waren schon lange vor der Auswanderung zum evangelisch-lutherischen Glauben übergetreten, und auch die Nachfahren in Kanada sind weiterhin *„Lutherans*”. Der Autor hat in der Gemeinde Wilberforce im Bezirk Renfrew ein wendisches Gesangbuch gefunden (*Sserske Duchowne Kjarlize*), das 1860 in Cottbus erschienen war und auch einige interessante handschriftliche (deutsche) persönliche Eintragungen über die ursprünglichen Besitzer enthält.

[39] https://de.wikipedia.org/wiki/Wenden#Begriffsherkunft. Abgerufen: Juni 2018. Siehe auch: de-Bray, R.G.A.

Abbildung 6: Getreideernte im westlichen Pommern (Vorpommern). Foto: Hans Teschke, Karlsruhe.

Abbildung 7: Das Dorf Arkona auf der Insel Rügen (Vorpommern). Foto: Schöning & Co., Lübeck.

Abbildung 8: Bauernhaus mit Reetdach auf der Insel Wollin (Hinterpommern, heute in Polen). Foto: Hans Teschke, Karlsruhe.

Abbildung 9: Das Dorf Stolzenberg, 15 km östlich von Stettin. Heute Sławoborze. Kirche und Arbeiterheim gehörten zum Rittergut. Foto: Hans Teschke, Karlsruhe.

Abbildung 10: Bauern beim Pflügen mit einem hölzernen Pflug. Insel Wollin (Hinterpommern), Foto: Hans Teschke, Karlsruhe.

Abbildung 11: Gutshaus eines Großgrundbesitzers in der preußischen Provinz Posen. Foto: Landsmannschaft Posen.

Abbildung 12: Spreewald bei Cottbus (Provinz Brandenburg). Alte Heimat der wendischen (niedersorbischen) Minderheit. Foto: W. Schröder.

Abbildung 13: Bauernhof nahe Banzkow (Mecklenburg-Schwerin). Foto: Landsmannschaft Mecklenburg.

Abbildung 14: Großsteingrab bei Sternberg (Mecklenburg-Schwerin). Diese so genannten „Hünengräber" sind an vielen Orten im norddeutschen Tiefland Zeugen der steinzeitlichen Besiedlung. Foto: Landsmannschaft Mecklenburg.

Abbildung 15: Mecklenburgische Landschaft (Dierhagen bei Ribnitz). Obwohl der Ort in Vorpommern liegt, gehörte er historisch zu Mecklenburg. Nach einem Gemälde von C. Malchin. Foto: Landsmannschaft Mecklenburg.

Abbildung 16: Mädchen in mecklenburgischer Tracht, Nach einem Gemälde von R. von Malzahn. Foto: Landsmannschaft Mecklenburg.

Abbildung 17: Mecklenburgische Bauernfamilie im Sonntagsstaat, ca. 1860. Nach einem Gemälde von Carl Canow. Foto: Landsmannschaft Mecklenburg.

Walter Weiß[40] berichtete, dass die Auswanderung unter der Arbeiterbevölkerung in den 1850er und 1860er Jahren in gewissen Bezirken in Brandenburg sehr hoch war. Manche Dörfer waren vollkommen „ausgestorben":

> „Im Jahre 1861 ergriff das Auswandererfieber besonders Bertikow, während Mellin im Templiner Kreise vollständig abwanderte. Es blieb von dem ehemaligen Dorfe nur noch das Kreuz auf dem Friedhofe übrig."

[40] Weiß, W.

Im Jahre 1872 zählten die Auswanderer aus dem Bezirk Prenzlau 607. Sobald sich eine Familie in der Neuen Welt niedergelassen hatte, zog eine weitere Familie nach. Im Jahre 1874 verlor der Bezirk 347 Menschen. Erst gegen Mitte des Jahrzehnts ließ die „Welle" allmählich nach. Aus jener Zeit stammt wohl das optimistische „Einwandererlied":

Jetzt ist die Zeit und Stunde da,
wir ziehen nach Amerika.
Der Wagen steht schon vor der Tür.
Mit Weib und Kindern ziehen wir.
Und wenn das Schiff vom Land abschwimmt,
dann werden Lieder angestimmt.
Wir fürchten keinen Wasserfall,
wir denken, Gott ist überall ...

Die Korrespondenz des Autors mit der Stiftung Brandenburg, die in den 1980er Jahren in Stuttgart eine Forschungsbibliothek unterhielt (heute in Fürstenwalde), lieferte folgende Informationen über die Auswanderung einzelner Gemeinden im Bezirk Cottbus nach Kanada in den Jahren 1858 und 1870 (laut zeitgenössischen Zeitungsberichten, die dem Autor freundlicherweise von der Stiftung zur Verfügung gestellt wurden):

Auswanderer nach Kanada aus dem Bezirk Cottbus (Brandenburg)

Gemeinde	*Auswanderungsjahr*	*Anzahl der Personen*
Drachhausen	1858/63	25 Erwachsene, 31 Kinder
Klein-Gaglow	1860	1 Erwachsener
Heinersbrück	1858/59	1 Erwachsener
Kolkwitz	1870	1 Erwachsener
Maust	1863	1 Erwachsener, 7 Kinder
Preilack	1863	2 Erwachsene, 1 Kind
Sachsendorf	1866	2 Erwachsene, 1 Kind
Schmorgrow	1864	4 Erwachsene, 3 Kinder
Schönhöhe	1864	2 Erwachsene, 1 Kind
Striesow	1862	2 Erwachsene, 2 Kinder

Tauer	1865	1 Erwachsener
Turnow	1863	2 Erwachsene, 2 Kinder
Insgesamt		44 Erwachsene, 48 Kinder

Obwohl die kanadischen Einwanderungsbehörden behaupteten, die Bedingungen im Ottawatal würden den Siedlern aus Preußen vertraut sein, gab es in Wirklichkeit sehr wenig Vergleichbares zwischen dem Ursprungsland und dem Aufnahmeland. Die Gebiete im Nordosten Deutschlands (und im Nordwesten des heutigen Polens) liegen in der Nordeuropäischen Tiefebene, die zum überwiegenden Teil aus Marschland, Geestinseln, flachen Hügeln und Seenlandschaften besteht. Fast die Hälfte der gesamten Landfläche Nordostdeutschlands war damals schon landwirtschaftlich genutzt. Die zumeist leichten Böden eigneten sich gut für den Anbau von Roggen, Gerste, Kartoffeln und Rüben. Es gab absolut keinen Vergleich mit den unwirtlichen Landschaften auf dem Kanadischen Schild, dessen Oberflächenformen noch stark durch das Inlandeis geprägt sind. Auch das Klima im Oberen Ottawatal ist mit dem entlang der Ostseeküste überhaupt nicht zu vergleichen. Die Winter im Oberen Ottawatal sind sehr kalt, lang und schneereich. In den heißen und oft schwülen Sommermonaten staut sich das Oberflächenwasser, und es gibt weit verbreitet Sümpfe, die ideale Brutstätten für Mückenschwärme (mehrere Arten von „Mosquitos") bilden. Andere Flächen zeichnen sich durch zutage tretendes Gestein und Geröll aus, nahezu ohne Mutterboden. Landwirtschaft ist dort unmöglich. Dazwischen liegen jedoch überall ursprünglich bewaldete Flächen, die gerodet und - allerdings erst nach mühsamer Arbeit - in Ackerland verwandelt werden konnten. Die folgenden beiden Bilder zeigen typische Landschaften auf dem Kanadischen Schild, denen viele Einwanderer entlang der Opeongo Road im Ottawatal bei ihrer Ankunft gegenüber standen. Hier war ein *„Free Land Grant"* nutzlos. Die Familien, denen solche Grundstücke zur Verfügung gestellt wurden, waren gezwungen, sich zunächst durch Arbeit bei anderen Siedlern zu ernähren und sich später weiter nördlich im Ottawatal nach landwirtschaftlich nutzbaren Flächen umzuschauen, was den meisten schließlich auch gelang.

Abbildung 18: „Muskeg", eine Art von unentwässertem, saurem Sumpfgebiet. Foto: Autor.

Abbildung 19: Aus dem Sumpf ragende Felsen. Zutage tretendes Gestein und Felsklippen sind auf dem Kanadischen Schild außerordentlich häufig. Foto: Autor

Die deutschen Einwanderer, zumeist Landarbeiter und Handwerker, die dem Ruf William Wagners folgten und sich auf die „*Free Land Grants*“ freuten, hatten sich das Ottawatal, von dem seine Broschüren erzählten, ganz anders vorgestellt.

Mecklenburg

Als die deutsche Einwanderung ins Ottawatal 1857 begann, bestand Mecklenburg - die spärlich besiedelte Region südlich der Ostseeküste - aus zwei verschiedenen unabhängigen Großherzogtümern: Mecklenburg-Schwerin und Mecklenburg-Strelitz. Sie traten 1866/67 dem Norddeutschen Bund[41] bei, dem Vorläufer des Deutschen Reiches.

Mecklenburg war vorwiegend landwirtschaftlich geprägt, und auch hier befanden sich die Höfe vielfach in den Händen von „Junkern", deren Landarbeiter typischerweise unterhalb der Armutsgrenze lebten. In vielen Fällen waren die Vorfahren freie Bauern gewesen, die durch Armut in die Leibeigenschaft geraten waren.[42]

Wie auch im angrenzenden Pommern sprach die Landbevölkerung in Mecklenburg fast ausschließlich Niederdeutsch, obwohl auch hier an den Schulen zumeist Hochdeutsch unterrichtet wurde. Heute bildet Mecklenburg gemeinsam mit dem westlichsten Teil von Pommern das Bundesland Mecklenburg-Vorpommern mit Schwerin als Hauptstadt und Rostock als größter Stadt.

[41] https://de.wikipedia.org/wiki/Norddeutscher_Bund. Abgerufen: Juni 2018.

[42] https://www.svz.de/regionales/mecklenburg-vorpommern/mecklenburg-magazin/vom-bauernlegen-in-mecklenburg-id16452941.html. Abgerufen: August 2018.

Abbildung 20: Schwerin, die Hauptstadt von Mecklenburg-Vorpommern. Foto: Autor (2009).

4 Anwerbung, Versprechen und Verpflichtung

Im Januar 1857 sandte P.M. Vankoughnet, Minister für Landwirtschaft und Einwanderung der Kolonie Canada, ein Rundschreiben (*Circular*) an alle 380 Gemeinden in *Canada West* und forderte sie auf, ihm ihre Einstellung zur Einwanderung mitzuteilen.[43]

> „Es sind aus verschiedenen Landesteilen Beschwerden über die Knappheit an Arbeitskräften eingegangen. Dieser Mangel kann wahrscheinlich in der nächsten Saison durch eine gemeinsame Aktion dieses Ministeriums mit den Behörden in verschiedenen Gemeinden behoben werden."

Der Minister teilte mit, ein größeres Kontingent an Einwanderern als üblich würde im Frühjahr eintreffen. Er fragte die Gemeinden, wie viele „Farmarbeiter und häusliche Bedienstete - Männer und Frauen, Jungen und Mädchen" - und wie viele aus der „Mechanikerklasse" sie aufnehmen könnten. Er schrieb, die Regierung ermutige „Kapitalisten aller Klassen, Farmer mit etwas Kapital ..., Landarbeiter, weibliche Bedienstete, Jungen und Mädchen über 12, die fleißig aufgewachsen sind, Handwerker und Mechaniker aller Art, die Kapital besitzen, um sich geschäftlich niederzulassen", aber keine „Büroangestellten aller Art, gebildete Personen ohne Kapital und nicht an körperliche Arbeit gewohnt, oder Leute auf der Suche nach politischen Ämtern". Das Schreiben erwähnte nichts über die Nationalität der potenziellen Einwanderer, aber es steht fest, dass der Grund für dieses Schreiben die erwartete Ankunft der angeworbenen Deutschen aus den Ostprovinzen Preußens war.

---

[43] AG 2392 (01). Antworten von den Gemeinden (einschließlich vom Bezirk Renfrew), 1857-58.

P. Hessel, *Ziel: Ottawa Valley*, https://doi.org/10.1007/978-3-658-31571-9_5

Als die Kanada-Konferenz der Lutherischen Pittsburgh-Synode in Sebastopol (Südontario) tagte, wurde ein Schreiben des Agenten Sinn[44] vorgelegt, in dem er sich rühmte, die ersten deutschen Siedler ins Ottawatal gebracht zu haben:

> „Im Sommer 1858 fasste ich den Entschluss, am Ottawa eine deutsche Niederlassung zu gründen, und habe seitdem 900 Norddeutsche, meistens aus Pommern, Mecklenburg und Preußisch-Polen aus der Gegend von Danzig dorthin dirigiert. Diese ca. 900 Personen können aus etwa 150 Familien bestehen, von denen etwa 100 ihr eigenes Stück Land kultivieren ..."

Sinn sprach von einem ziemlich kleinen Gebiet (wahrscheinlich nahe Pembroke), aber er schrieb, er habe auch mehrere hundert „Lutheraner" - einschließlich etwa 40 wendische Leute aus der Umgebung von Cottbus - im nördlichen Teil der Gemeinde Wilberforce im Landkreis Alice (im Bezirk Renfrew) angesiedelt.

Sinns Schreiben gibt an, dass die ersten deutschen Einwanderer in den Bezirk Renfrew im Jahre 1858 kamen. Aus anderen Dokumenten wird aber offensichtlich, dass die erste Gruppe bereits im Sommer 1857 eintraf. Der Bericht Nr. 1 des Hafens von Quebec[45] vom 13. Juni 1857 enthielt folgende Mitteilung:

> „Die Deutschen trafen ein, nämlich 1971 Seelen; etwa 400 gaben an, ihre Absicht sei, sich in Kanada niederzulassen: Eine Anzahl an Preußen machte sich in den Landesteil Ottawa auf mit der Absicht, dort eine kurze Zeit zu arbeiten und sich dann in den *Free Grants* anzusiedeln."

Es ist ungewiss, ob die Tatsache, dass dieser Bericht von Deutschen und von Preußen sprach, 400 Kaschuben meinte (die als „Preußen" bezeichnet wurden) oder überhaupt Einwanderer aus Preußen, d.h. Deutsche und/oder Kaschuben.

Im Bericht Nr. 3 desselben Jahres stand:

---

[44] AG 2392 (02).
[45] PC (01).

> „Eine Anzahl der Deutschen wurde dazu veranlasst, in Kanada zu bleiben, von denen sich viele aufmachten, zum *Ottawa River* zu ziehen, wo sie leicht Arbeit fanden, und sie haben berichtet, dort mit ihrer Situation glücklich und zufrieden zu sein."

Halsig[46] fragt sich, ob „veranlasst" (*induced*) bedeutet, dass diese Einwanderer ursprünglich nicht beabsichtigt hatten, ins Ottawatal zu kommen, sondern dass sie erst entweder von der Reederei in Hamburg oder vom Einwanderungsagenten in Quebec mit den *„Free Grants*" als Köder dazu überredet wurden. Der Autor findet diese Annahme ebenfalls einleuchtend.

Im April 1857 wurde in Ottawa ein Einwanderungsamt (*Immigration Office*) unter Francis Clemow eingerichtet. Der Einwanderungsbericht für 1857 bezieht sich auf dieses Amt:

> „Die Einrichtung einer Agentur in der Stadt Ottawa führte auch zu einigen zusätzlichen Ausgaben. Aber in Anbetracht der Öffnung eines erweiterten Feldes für Einwanderer in dem Gebiet ist wahrscheinlich mit einem nützlichen Einfluss für unsere zukünftige Einwanderung in Regierungs-Ländereien zu rechnen, die kürzlich in allen Bezirken dieser Umgebung zum Verkauf bereit gestellt wurden."

Der Jahresbericht für 1858 vom Agenten in Ottawa[47] bestätigte:

> „Die Deutschen in dieser Saison wurden nach Renfrew geschickt, wohin ihnen eine Gruppe aus demselben Land vorausgezogen war. Sie sind in dieser Gegend sehr beliebt als Arbeiter und wünschenswerte Siedler in einem neuen Land; sie sind fleißig, arbeitsam und anspruchslos in ihren Gepflogenheiten. Mit der Zeit, wenn sie Kenntnis der englischen Sprache erwerben, werden sie sich höchstwahrscheinlich über ihre gegenwärtige Situation erheben und zu selbstständigen Landbesitzern werden."

Bisher wurden noch keine dokumentarischen Beweise dafür gefunden, dass kanadische Agenten schon vor Ankunft dieser ersten Siedler 1857 in Preußen oder Mecklenburg tätig waren. Es liegt jedoch auf

---

[46] AA (07)
[47] AG (19).

der Hand, anzunehmen, dass diese Einwanderer hauptsächlich durch das Versprechen der *Free Land Grants* - oder des preisgünstigen Ankaufs von regierungseigenem Land - ins Ottawatal angezogen wurden. Es besteht kein reeller Grund zur Annahme, dass der in Preußen gebürtige William Sinn vor seiner Berufung zur Tätigkeit im Hafen von Quebec bereits in Deutschland aktiv gewesen war, obwohl er offensichtlich viele Kontakte mit deutschen Stellen aufgenommen hatte. Vielleicht war er auch selbst schon in Süddeutschland damit beschäftigt gewesen, deutsche Einwanderer anzuziehen, aber der Autor hat dafür noch keine Beweise gefunden (J. Wagner, 2006, S. 42).

Der von W.A.C. Buchanan (*Bureau of Agriculture and Statistics*) eingereichte Einwanderungsbericht von 1857 empfahl die Berufung eines „umsichtigen und effizienten Agenten", der Kanada auf dem europäischen Kontinent vertreten und insbesondere dem Einfluss der amerikanischen Agenten entgegenwirken sollte.[48] Dieser Bericht empfahl, man solle zusätzlich zu den „*Free Land Grants*" auch Mittel ausgeben, um eine Ansiedlung von Norwegern im Ottawa-Gebiet zu begründen. Dieses Vorhaben wurde jedoch nicht weiter verfolgt, sondern es wurden nur deutsche und kaschubische Einwanderer ins Land geholt. Die Entscheidung, deutsche Einwanderer im Bezirk Renfrew anzusiedeln, war damit begründet, dass Renfrew in den 1850er Jahren einer der wenigen Bezirke in *Upper Canada* war, der nach Einwanderern Ausschau hielt. So wurde das Ottawatal Kanadas wichtigstes Empfangsgebiet nicht nur für deutsche Einwanderer, sondern für Einwanderer überhaupt in den 1850er und 1860er Jahren. Im Jahre 1858 forderte die Behörde in Ottawa insgesamt 2800 Einwanderer an, während die anderen Gemeinden nur wenige oder gar keine wollten.

Der Jahresbericht des Einwanderungsamts in Ottawa stellte für 1858 fest, in diesem Jahr seien nur 196 Deutsche durch die Stadt Ottawa gekommen, ein erheblicher Rückgang gegenüber 1857:

> „...in dieser Saison ließ die Einwanderung zu wünschen übrig ... (und ich hoffe), dass ... in Zukunft eine Verbesserung eintreten wird."

---

[48] AG 2392 (13).

Während Clemow die deutschen Ankömmlinge lobte, hatte er unfreundliche Worte über die 1858 eingetroffenen Kaschuben, die er auf ungenaue Weise „die Preußen" nannte:

> „Es tut mir leid, sagen zu müssen, dass sich die *Preußen*, die in derselben Saison in dieselbe Gegend kamen, nicht so vorteilhaft wie die Deutschen entwickelt haben. Man sagt, das liege an ihrer körperlichen Unfähigkeit, die im Lande notwendige Arbeit zu verrichten. Es ist bedauerlich, dass so viele dieser Leute mit sehr großen hilflosen Familien in einen Landesteil geschickt wurden, der in erster Linie erfordert, dass Jugend und (unleserlich) die vorherrschenden Eigenschaften sein sollten. Den kürzlich zu diesem Thema erhaltenen Berichten entnehme ich, dass ihre gegenwärtigen Umstände alles andere als zufriedenstellend sind und dass sie in manchen Fällen schon eine ganze Weile und auch heute noch auf wohltätige Hilfe ihrer Nachbarn angewiesen sind. Solche derart vollkommen bedürftige Personen hätten nie geschickt werden sollen ..."

Diese Bemerkungen erscheinen uns heute als sehr diskriminierend. Man muss jedoch bedenken, dass sich die deutschen Einwanderer aufgrund der Bedingungen, unter denen sie von ihren adligen Großgrundbesitzern („Junkern") in Preußen praktisch noch als Leibeigene behandelt wurden, vielleicht zu „fleißigeren" Arbeitern entwickelt hatten als die Kaschuben, die in der Weichselniederung nicht unter einer derartig rücksichtslosen und kompromisslosen „Knute" gestanden hatten. Die Kaschuben hatten sich in Pommern und Westpreußen als sehr arme, aber mehr oder weniger unabhängige Kleinbauern oder Fischer ernährt. Die Kaschuben mögen auch die Farmer, bei denen sie im Ottawatal arbeiten mussten, ehe sie sich ihr eigenes Land erwerben konnten, etwas weniger „respektvoll" behandelt haben als die deutschen Preußen, die es gewohnt waren, ihren „Herrschaften" mit bedingungslosem Gehorsam zu dienen. Außerdem gab es damals häufig ethnische Diskriminierung unter den deutschsprachigen Preußen gegen ihre kaschubischen Landsleute, wie Günther Grass in seinem Roman, „*Die Blechtrommel*" sehr eindringlich beschrieben hat.[49] So

[49] Günther Grass, selbst Sohn einer kaschubischen Mutter: „Kaschuben, sagt die Großmutter von Oskar Matzerath, 'missen immer dablaiben und Koppchen hinhalten, damit de anderen drauftäppern

könnte Clemow seine Meinung über die Kaschuben durch voreingenommene Berichte von Deutschen im Ottawatal gebildet haben.

Abbildung 21: Francis Clemow war Einwanderungsagent in Ottawa von April 1857 bis 1861 (Foto von ca. 1867). Im Jahre 1885 wurde Clemow Mitglied des kanadischen Senats (Oberhaus im Parlament). Eine Straße in Ottawa (Clemow Avenue) trägt seinen Namen. Er starb 1902. Foto: Kanadisches Bundesarchiv. PA 137932.

können, weil unserains nich richtich polnisch is und nich richtich deitsch jenug, und wenn man Kaschub is, das raicht weder de Deitschen noch de Pollacken.'"

Im Jahre 1858 erschien William Sinn vor einem Einwanderungs-Ausschuss (*Sessional Papers* 1860, *App.* 4) und schrieb in seinem Bericht:

> „In diesen letzten beiden Jahren habe ich mich bemüht, Deutsche im Ottawa-Gebiet anzusiedeln. Nach vielen Widerwärtigkeiten und Härten im 'Busch'[50] habe ich - wie ich froh bin zu erwähnen - zu meinem eigenen Erstaunen, angesichts der Hindernisse, die es zu überwinden galt, Erfolg gehabt. Wenn ich nur die notwendige Anerkennung und Ermutigung erhalte, werde ich auch nicht in meinen Bemühungen nachlassen, meine Landsleute in solchen Gegenden dieser Provinz anzusiedeln, welches ich ihnen aus meiner eigenen Erfahrung auch mit gutem Gewissen empfehlen kann.“

Es steht nicht fest, wie viele Deutsche im Jahre 1859 im Ottawatal ankamen, weil der Bericht nur von „212 Deutschen und Polen” spricht. (Auch hier handelte es sich nicht um „Polen”, sondern um Kaschuben.) Die Regierung der Kolonie Canada war keineswegs mit der Anzahl neuer Siedler zufrieden. Am 30. Januar 1860 beauftragte sie den in Deutschland geborenen William Wagner, einen ehemaligen Landvermesser in Ottawa, als Einwanderungsagent in Deutschland tätig zu sein, mit dem Ziel,

> „dort die Anreize und Vorteile bekannt zu machen, die Kanada Einwanderern zu bieten hat... Sie werden ständig im Auge behalten, dass wir keine hin- und herziehenden Einwanderer suchen und wünschen. Kanada bietet zur Zeit kein weites Feld für Arbeiter... Die Klasse von Menschen, denen wir in Kanada eine wünschenswerte Heimat anbieten, besteht aus Leuten, die... bereit sind, staatliches Land als Siedler zu übernehmen.“[51]

Wagner mietete eine Wohnung mitten in Berlin, Wilhelmstraße 82, in der er auch sein Büro einrichtete. Er sollte bei der Werbung für deutsche Einwanderer ins Ottawatal die Hauptrolle spielen. Während Sinn das Siedlungsprogramm von Kanada aus in die Wege geleitet hatte,

---

[50] Der Ausdruck „Busch” (Engisch „bush”) bedeutet in Ostkanada den unwegsamen, mückenverseuchten borealen Urwald, der von den Siedlern gerodet und kultiviert werden musste, ehe der Boden allmählich landwirtschaftlich genutzt werden konnte.
[51] AG 2392 (02) und (04).

gelang es Wagner, die stockende Aktion erfolgreich in Bewegung zu setzen. Zweifellos war sein Erfolg seiner energischen Werbekampagne und seinen manchmal recht dubiosen Methoden zu verdanken. Der Hauptgrund, warum Deutsche sich plötzlich dazu entschieden, nach Kanada statt in die USA auszuwandern, war jedoch der Amerikanische Bürgerkrieg (1861-65), in Deutschland oft Sezessionskrieg[52] genannt. Wagner erwies sich als der richtige Mann in Deutschland zur richtigen Zeit. Er wusste, die vorübergehende Unfähigkeit der USA, Einwanderer aufzunehmen, gut auszunutzen.

Im April 1860 veröffentlichte Wagner eine vierseitige Broschüre namens „Ueber die *Free Grants* (unentgeldliche Hergabe von Land)", das in Berlin von L. Burckhardt gedruckt wurde. Wagners merkwürdige deutsche Ausdrucksweise, seine willkürliche Rechtschreibung und brüchige Grammatik zeigen, dass sein Deutsch ungeschickt geworden war. Selbst die Überschrift dieser Broschüre enthielt zwei Rechtschreibefehler. Dem Drucker fiel scheinbar nicht auf, dass das „n" in *Free Grants* umgedreht war und das Wort in der gesamten Broschüre als „*Grauts*" erschien. So entstand in manchen Passagen ein unfreiwilliger Humor:

> „Die Waldungen Canada's sind nicht von der Art, als die im Süden, und das Gespenst des Urwaldes verschwindet, wenn der Ansiedler einmal weiß, dass ein Mann in 9 bis 10 Tagen einen Acker entholzen kann.
> „Die Bedingungen sind nur deshalb gestellt, um Speculanten und vagirende Personen von diesen Strichen abzuhalten... Die in den letzten Jahren nach Canada gekommenen Deutschen waren besonders von Pommern, der Mark, Westpreußen, nur wenige vom Süden Deutschlands. Der größte Theil dieser Einwanderung ging nach dem Ottawa-Thal, theils sich an den dortigen Free Grauts, theils auch in den nachbarlichen Ländereien sich niederlassend ...
> „An dem Ottawaflusse und dessen Nebenflüssen, oberhalb der Stadt Ottawa, wird in jedem Winter ungefähr 204,928 weiße fichtne Hamburger Balken ... bearbeitet.
> „Der Boden erzeugt alle in Deutschland gebauten Getreidearten, doch machen Weizen und indianischer Mais die Hauptproducte aus. Es ist allgemein

[52] https://de.wikipedia.org/wiki/Sezessionskrieg. Abgerufen: August 2018.

bekannt, dass der canadische Weizen in der Londoner und Pariser Ausstellung den Preis davongetragen.
„Der Durchschnitts-Ertrag ist das 12. bis 14. Korn, d.h. für jeden Scheffel Aussaat 12 bis 14 Scheffel Erndte.
„Wenn ein deutscher Auswanderer nach Canada geht, würde ich ihm anrathen, sich nicht mit zu viel altem Gerümpel zu belasten, da die Preise für Eisenkram ganz den hisigen gleichkommen.
„Die von der Regierung besoldeten deutschen Agenten in Quebec, Montreal, Ottawa, Toronto und Hamilton sind angewiesen, dem Einwanderer unentgeldlich jede nöthige Auskunft über ihre fernere Reise zu geben und jedes Vergehen eines solchen Beamten würde eine sofortige Entlassung nach sich ziehen."

Der Autor Jonathan Wagner schreibt in seinem Buch (Seite 44); „[William Wagner] besaß nützliche journalistische Fähigkeiten und konnte überzeugend auf Deutsch schreiben. Beispiele seiner journalistischen Arbeiten zeigten sich schon am Anfang seiner Bestellung in Berlin ... "

Nach Lektüre der von William Wagner verfassten deutschen Texte formte der Autor der vorliegenden Studie eine etwas andere Meinung über Wagners Deutsch, das er eher für reichlich unbeholfen hält. Jonathan Wagner (ebenfalls auf S. 44) gibt an: „William Wagner war 1820 in Grabow (Posen) geboren. Er studierte Geographie und Landvermessung in Breslau, Posen und Berlin, ehe er 1850 nach Kanada auswanderte. Als staatlicher Landvermesser in Upper Canada hatte er auch etwas Erfahrung als unabhängiger Agent gesammelt. So besuchte er zum Beispiel im Juni 1859 Preußen und Norddeutschland, um Einwanderer für die Auswanderung nach Kanada zu rekrutieren." Der Autor der vorliegenden Studie glaubt wohl, dass Wiliam Wagner sicherlich Talent hatte, Menschen zur Auswanderung nach Kanada zu überreden. Auf welche Weise er sein Talent schriftlich zum Ausdruck brachte und wie viel Wert er auf Tatsachen legte, sei jedoch dahingestellt.

Der grundsätzliche Ton in William Wagners Broschüre „Ueber die *Free Grants...*" vermittelt den Eindruck einer recht irreführenden Darstellung. Den Auswanderungskandidaten wurde offensichtlich die ganze Wahrheit über die damals im Oberen Ottawatal herrschenden Zustände verschwiegen. So stimmt es zum Beispiel, dass kanadischer Weizen schon international anerkannt war. Aber dieser Weizen stammte keinesfalls aus der Wildnis des Bezirks Renfrew, sondern aus dem fruchtbaren, schon lange gut kultivierten Farmland im Süden von *Canada West.* In Wahrheit konnten sich Neueinwanderer nicht vom eigenen Grund und Boden ernähren, bis sie viele Jahre an Knochenarbeit hineingesteckt hatten, Bäume gefällt, Baumstümpfe und Felsbrocken ausgegraben und Tausende von Steinen zusammengetragen und zu Steinzäunen entlang der neuen Felder aufgetürmt hatten. Viele dieser Steinzäune erinnern noch heute an die Pionierzeit und an die Familien, die sie im Schweiße ihres Angesichts an ihren zukünftigen Feldrändern aufgetürmt hatten. Der Mutterboden auf dem Kanadischen Schild war spärlich und mager. Überall gab es unwegsame Sümpfe, den so genannten „*Muskeg*" (ideale Weide für Elche, aber keineswegs für Rinder oder Schafe, und völlig unbrauchbar als Ackerland. Entwässerung war allgemein so schlecht, dass selbst die mit Mühe angelegten Felder oft erst im Juni bearbeitet werden konnten. Die ersten Nachtfröste traten gewöhnlich schon Mitte September oder noch früher auf. Die „Informationen" in Wagners Broschüre sagen etwas über den Charakter des Mannes aus, der jahrelang als Landvermesser im Ottawatal gearbeitet hatte und das harte Klima, den langen, kalten, schneereichen Winter, das späte Frühjahr und den zeitigen Herbst genau gekannt haben musste, dessen Werbebroschüre jedoch kein Wort, keinen Hinweis über diese für Deutsche völlig ungewöhnlichen und unerwarteten Bedingungen enthielt.

Abbildung 22: Typisches Beispiel der von den Einwanderern in mühsamer Arbeit errichteten Steinzäune im Ottawatal. Häufig war der spärliche Boden der "*Free Land Grants*" auf dem Kanadischen Schild mit Tausenden solcher Steine übersät, die beseitigt werden mussten, ehe man „einfach das Getreide auf den Boden werfen" konnte, wie William Wagner in einer Werbebroschüre versprochen hatte. Foto: Autor.

Abbildung 23: „Wo selbst die Heuschrecken ihren Lunch mitbringen müssen": Auf solchem felsigen Gelände (hier in der Nähe von Ladysmith im Bezirk Pontiac, *Lower Canada*) versagten alle Versuche der Kultivierung. Foto: Autor.

Abbildung 24: Was die deutschen Einwanderer erwartete, als sie ihren „*Free Land Grant*" entlang der Opeongo Road im kanadischen *Busch* in Besitz nahmen: grob gerodetes oder völlig ungerodetes Land voller Baumstümpfe und Steine. Foto: Autor.

Wie Tabelle 2 zeigt, dauerte es viel länger als einige Tage, „einen *Acre Bush*" (etwa 0,4 ha) zu roden. Selbst Familien, die bereits 18 Monate im Land waren, hatten im Herbst 1860 erst wenige *Acres* unter dem Pflug.

Gleichzeitig mit der Broschüre verteilte Wagner einen vierseitigen Text mit der Überschrift „Ueber den Verkauf von Regierungs-Ländereien in Canada"[53], in dem er die Entwicklung des Ottawatals als Siedlungsgebiet anpries. Wagner war klug genug, aus der Tatsache Kapital zu schlagen, dass das Ottawatal weit südlicher liegt als Norddeutschland (es ist tatsächlich auf demselben Breitengrad wie Venedig - 45 N), aber der Agent erwähnte nicht, dass trotz dieser südlichen Breite das Winterklima im Ottawatal bedeutend kälter ist als das in Norddeutschland (Rostock: 54 N).

Die Stadt Ottawa - damals mit ca. 14.000 Einwohnern - beschrieb Wagner als „*Boomtown*... voller Fabriken aller Art und als die neue Landeshauptstadt ausgewählt". Im Tal oberhalb der Stadt, so Wagner, gäbe es reichlich verfügbares Land, denn es seien jederzeit Leute bereit, zu verkaufen, die „weiter in den Wald hineinziehen wollten". Diese und andere Broschüren malten ein Bild von einem lieblichen Tal - ähnlich wie in Europa - nahe einem Handelszentrum, mit fruchtbarem Land und aufnahmefähigen Märkten, einem Tal, das nur auf Siedler wartete, die seinen jungfräulichen Boden in Ackerland verwandeln würden.

Was die Einwanderer vorfanden, beschrieb im Jahre 1984 ein 80jähriger Nachfahre so, wie sein Großvater es ihm erzählt hatte: „Als wir ankamen, gab man uns die Wahl zwischen einem Steinhaufen und einem Modderloch."

Ebenso veröffentlichte und verteilte Wagner auch die 14 Seiten lange, sehr mangelhafte Übersetzung von Auszügen kanadischer Gesetze, angeblich „vom Regierungs-Commissarius für deutsche Auswanderung [O.M. Vankoughnet] verfasst". In Wirklichkeit handelte es sich um Gesetzestexte aus den „*Consolidated Statutes of Canada, North America*". Eine handschriftliche englischsprachige Notiz zu

[53] AG Vol. 2392.

dem heute im Kanadischen Bundesarchiv aufbewahrten deutschsprachigen Schriftstück[54] gibt an, der Text beziehe sich auf Einwanderung, Einbürgerung, den Treueeid, Sitten und Gebräuche in Kanada. Das war jedoch nicht der Fall.

Am 29. Mai 1860 hielt sich Wagner in Bromberg in der preußischen Provinz Posen auf, wo er Kanada „unter Schulmeistern, Geistlichen, Gastwirten, Apothekern und Kaufleuten" anpries. Er behauptete, er habe von einem „führenden Verwaltungsbeamten der Region, dessen Befugnis es war, Pässe für die Auswanderung auszustellen", das Ehrenwort erhalten, er würde jedem Auswanderer raten, „nach Kanada zu ziehen". [55]

Am 27. Oktober 1860 schrieb Wagner von Berlin aus an William Hutton[56]. Er bestätigte den Erhalt einiger Werbebroschüren, die er „sehr gut" nannte, aber „schlecht ins Deutsche übersetzt". Bei diesen Broschüren handelte es sich natürlich nicht um die von Wagner selbst verfassten, die er in Berlin drucken ließ, sondern um solche, die ihm aus Kanada zur Verfügung gestellt wurden. Wagner äußerte sich zu Huttons Kritik, es seien im Sommer zu wenige Deutsche nach Kanada gekommen:

> „...Es scheint, Sie denken, es sei meine Schuld. Schon seit einem Jahrhundert haben die Deutschen nichts gehört außer New York und den anderen Staaten im Osten der USA, oder auch von den US-Staaten im Westen. Dort haben sie auch Verwandte, die ihnen Geld schicken, um nachzukommen... Das muss ich alles überwinden. Ich habe gehört, dass sechs Familien aus dem Bezirk Bromberg am Monatsersten über New York nach Kanada gereist sind. Werden sie Kanada jemals erreichen? Ich habe genug private Gespräche geführt, seit ich zuletzt geschrieben habe, und wenn Kanada dieses Jahr nicht genug in Deutschland bekannt wurde, ist es bestimmt nicht meine Schuld."

Am 21. Januar 1861 berichtete Wagner:

---

[54] AG Vol. 2392.

[55] PC 01.

[56] AG 2392 (03).

„... fast täglich habe ich Besucher aufgrund meiner Anzeigen, und in letzter Zeit auch von Leuten mit Geld, sagen wir zwischen 1600 und 6000 Thalern. Sie werden wahrscheinlich alle in die deutschen Siedlungen am Ottawa gehen."

In seinem Schreiben zwei Wochen später (3. Februar 1861) drückte Wagner seine Hoffnung „auf gute und erhebliche Auswanderung aus Deutschland" aus. Am Tag zuvor hatte er bei der Geographischen Gesellschaft von Berlin eine Lesung über Kanada („besonders über das Ottawatal") gehalten. Bei einer Reise nach Hamburg hatte er etwas über die „Gesellschaft für Deutsche Kolonisation" gehört, die ein Reeder, ein Herr Sloman, im Frühjahr gründen wollte. Slomans[57] ehemaliger Agent, Herr Knorr, habe sich selbstständig gemacht und Wagner erklärt, er beabsichtige, alle zwei Wochen ein Schiff von Hamburg nach Quebec zu senden. Jetzt strebe Sloman an, dasselbe zu tun. „Wir werden also zwei Linien nach Kanada haben," schloss Wagner. Dieser Herr Knorr war wohl Louis Knorr, Inhaber der Firma Louis Knorr & Co, (Knorr & Holtermann), deren Name unten auf den Hamburger Passagierlisten[58] von 1859 und 1860 erscheint (siehe Anhang B), während die Listen von Donati & Co. ausgefüllt wurden. In Hinsicht auf Wagners Angaben ist es merkwürdig, dass der Name Knorr nicht auf den fünf Passagierlisten von 1861 erscheint. Vielleicht gehörte Donati & Co. zu Sloman. Es ist bisher nicht gelungen, etwas über diese Firma zu erfahren.

Im selben Schreiben bemerkte Wagner: „Ich bin fest entschlossen, Pläne und Broschüren in den meisten Dörfern und Flecken zu haben, aus denen man Auswanderung erwarten kann." Das war wirklich ein ehrgeiziger Plan, wenn man überlegt, wie viele Gemeinden es in den Gebieten gegeben haben muss.

---

[57] Die *Reederei* Rob. M. *Sloman* wurde 1793 in *Hamburg* als Schiffsmaklergeschäft gegründet und ist die älteste deutsche *Reederei*. https://www.google.com/search?q=Sloman+Reederei+Hamburg&ie=utf-8&oe=utf-8&client=firefox-b. Abgerufen: Juni 2018.

[58] Siehe https://www.germanroots.com/hamburg.html. Im Gegensatz zu den Bremer Passagierlisten, die vernichtet wurden, haben viele Hamburger Listen überlebt. Sie sind bei *„Ancestry"* verfügbar, manche davon als digitalisierte „FamilySearch"-Mikrofilme. Die Hamburger Passagierlisten sind für die Jahre 1850 bis 1934 erhältlich. Hamburger Passagierlisten 1850-1934 online bei „Ancestry" (kostenpflichtig). Die Jahre 1850-1914 sind indiziert worden.

Wagner war ständig knapp bei Kasse und beschwerte sich oft über dieses Problem:

„Ich habe kein Geld, sonst wäre ich nach Schlesien gereist. Es wäre zwar teuer, aber ich glaube, es würde sich schließlich für die Regierung lohnen."

Wagner wusste, dass seine größten Chancen für die Anwerbung von Siedlern in den preußischen Ostprovinzen lagen, wo kleinbäuerliche Arbeiter ohne eigenen Landbesitz in Armut auf den Gütern wohlhabender Großgrundbesitzer lebten.

„Jene Auswanderer eignen sich am besten für unser Klima und zum Roden der kanadischen Wälder, die im östlichen Teil Deutschlands leben, das heißt in Gebieten, die im vorigen Jahrhundert besiedelt wurden[59], und zwar in den Provinzen Westpreußen, Pommern, Posen, Schlesien und den östlichen Teilen Brandenburgs. Hier lebt ein Volk, das gewohnt ist, Baumstümpfe auszugraben. Als Lohn erhalten sie für einige Jahre freies Wohnen auf dem Land, aber jetzt sind die meisten entlassen worden, oder sie müssen sehr hohe Miete zahlen. Hätten sie Geld, würden sie alle nach Kanada kommen, aber wie es aussieht, können sich beim besten Willen nur wenige die Überfahrt nach Quebec leisten. Aus diesen Provinzen könnten wir fast 2000 Leute erwarten, wie zumindest der Agent, Herr Eisenstein, sagt, der das meiste Interesse an der Auswanderung nach Kanada zeigt."

Am 31. Januar 1862 schrieb Wagner an O.M. Vankoughnet, den damaligen *Commissioner of Crown Lands*. Wagner verfasste diesen Brief in Hirschberg in Schlesien:

„Seit dem Dritten des Monats bin ich unterwegs. Die erste Hälfte der Zeit verbrachte ich in Frankfurt am Main, die zweite Hälfte in Sachsen und Schlesien. Ich verlasse diesen Ort nächsten Donnerstag und fahre nach Berlin."

Wagner schrieb, er erwarte „eine gute Saison" für die Auswanderung 1862, nannte aber nicht den offensichtlichen Grund für die Verbesse-

[59] Wagners Kenntnis von der Geschichte dieser Regionen war offensichtlich mangelhaft, denn die deutsche Besiedlung war weit älter als das 18. Jahrhundert. Sie begann bereits um 1200 A.D. Siehe u.a. http://www.der-familienstammbaum.de/pommern/pommern-geschichte. Abgerufen: Juni 2018.

rung seiner Chancen, den Amerikanischen Bürgerkrieg. Er berichtete, er habe einen Unteragenten für Süddeutschland und einen anderen, einen ehemaligen Lehrer namens Wander, für Schlesien eingestellt. Wagner schrieb, er müsse im Februar wieder in Berlin sein, wo er erwarte, dass „Kanada Gegenstand einer Debatte im Preußischen Parlament sein wird, und ich muss noch einige Informationen bereitstellen". Das deutet darauf hin, dass man in der preußischen Regierung über die Aktivitäten Wagners beunruhigt war und ihn aufgefordert hatte, Auskunft zu erteilen.

Im März 1862 schrieb Wagner, er erwarte, dass 2500 Auswanderer aus Westfalen und Mitteldeutschland nach Kanada ziehen würden. Das hat sich aber nie verwirklicht. Er schrieb, er erwarte nicht viele Auswanderer aus Süddeutschland:

> „Die meisten aller Auswanderungsagenten sind gegen Kanada eingestellt. Sie arbeiten für Brasilien, für die Kap-Kolonie und für manche Eisenbahngesellschaften in den USA. Sie haben mich wiederholt gefragt, was ich ihnen denn pro Auswanderer zahlen würde. Wenn es nach mir geht, bekommen sie nie einen einzigen Pfennig aus Kanada."

Trotzdem meinte er, selbst etwas Zeit in Süddeutschland verbringen zu müssen und schlug vor, die Regierung solle den Siedlern aus dem Süden in ihrem ersten Jahr in Kanada finanzielle Unterstützung anbieten:

> „... Kanada wird von diesem Geld mehr profitieren als wenn sie es diesen Menschenhändlern gäbe. Diese Agenten im Süden sind die abscheulichsten aller Wesen ..."

Wagner nannte einen plausiblen Grund, warum die Auswanderung aus dem südlichen Deutschland - zumindest vor dem Amerikanischen Bürgerkrieg - hauptsächlich in die USA gerichtet war:

> „Es gibt im Süden kaum ein Dorf oder einen Flecken ohne Verwandte in den westlichen US-Staaten, und das ist ein großes Hindernis für die kanadische Einwanderung,"

Seine Empfehlung, die Regierung solle den Siedlern Geld leihen, war sehr sinnvoll, aber Kanada reagierte niemals darauf. Wagner hatte folgenden Plan vorgeschlagen:

> „...(es würde nur) 200.000 Dollar im Jahr kosten, 100 Familien zu unterstützen, bis sie ihre erste Ernte einbringen können. Dabei hätte jede Familie in 5 Jahren 200 Dollar zurückzuzahlen. Wenn man den Wert des Landes - 100 Dollar für 100 *Acres* - hinzuzählt, müsste jeder Siedler in 5 Jahren 300 Dollar zahlen. Diese Summe könnte sich jeder Siedler nach einer so langen Zeit leisten. Zwar würde die Regierung für einen Teil des Geldes Zinsen einbüßen, aber was würde Kanada dadurch gewinnen?
> „Diese Leute wären Vorreiter für andere. Sie müssen ihre Überfahrt bezahlt haben. Und unter solchen Leuten steht der eine für den anderen ein. Hätte ich die Befugnis, so etwas zu versprechen, würde ich bald 100 Familien zusammen bekommen, die sich dazu bereit erklären."

Wagner machte sich auch um seine Stellung Sorgen, um den mangelnden Erfolg, mehr Einwanderer zu rekrutieren, und um seinen ständigen Geldmangel. Seine Unsicherheit wurde vom Ausschuss für die deutsche Einwanderung (*Select Committee on German Immigration*) erkannt:

> „Aus seiner ganzen Korrespondenz ... scheint hervorzugehen, dass Mr. Wagner ständig Angst um das Weiterbestehen seines Postens und die Überweisung der notwenigen Geldmittel haben musste und auch um die ausbleibende Mitteilung der neuesten Informationen über die Einwanderung..."

Trotzdem war Wagner auch 1863 noch aktiv. Die Unterlagen des Komitees zeigen, dass die dem deutschen Agenten gezahlten Gelder höher waren als die den Agenten für Schottland/Irland oder für Westeuropa gezahlten Beträge. In den Jahren 1661/62 erhielt der Agent in Deutschland 5931,77 $. Der Agent für Schottland/Irland erhielt 5116,00 $ und der für Westeuropa 1200,00 $. Diese Beträge beinhalteten Gehälter, Reisekosten und Werbekosten.

Die Ausgabe vom 11. Februar 1861 der in Bremen erscheinenden Deutschen Auswanderer-Zeitung[60] enthielt einen Artikel „von einem Deutsch-Kanadier" mit der Überschrift „Ueber die Ansiedlungen in Canada". Es handelte sich um den letzten von zwei Artikeln. Er begann mit einer Beschreibung der *„Ottawa and Opeongo Free Grant Road*". Der Autor zitierte T.P. French, den Agenten der Regierung für die Opeongo Road, dessen Büro sich in Mount St. Patrick befand. Der Artikel enthielt eine deutsche Übersetzung der Angaben von French über erfolgreiche Ernten, die Herstellung von Ahornzucker, Pottasche (Kaliumkarbonat), Seife und anderen Produkten, mit denen die Siedler ihr Einkommen ergänzen konnten. Laut French waren die Erträge pro *Acre* 30,32 Dollar. Der anonyme Autor fuhr fort:

> „Ich für meinen Theil, der so lange am Ottawa-Flusse gelebt, habe die feste moralische Überzeugung, daß Canada mit seinen geordneten Zuständen der richtige Platz für den deutschen Landmann ist. In Canada selbst bietet wiederum der Ottawa-Fluß die beste Gelegenheit für ein Fortkommen. Nicht allein, daß das Land billig zu haben ist, es ist auch für das gewonnene Getreide stets ein guter Markt gegen baares Geld zu finden. Der unbemittelte Ansiedler findet gegen guten Lohn stets Arbeit."

Man hegt den Verdacht, Wagner habe den Artikel selbst verfasst und eingesandt. In derselben Ausgabe der Zeitung, auf Seite 24, erschien nämlich Wagners Inserat, in dem er den Verkauf von Land im Staatsbesitz in Kanada „entweder in großen Massen oder in kleinen Parcellen an wirkliche Ansiedler" anbietet. Interessant ist der Hinweis im Inserat auf „Kanada mit seinen geordneten Zuständen", offensichtlich ein indirekter Bezug auf die Vereinigten Staaten, in denen kurz danach der Bürgerkrieg ausbrach.

[60] AG Vol. 2394 (01). Für Informationen über diese Zeitung, siehe Teuscher, J., 1854.

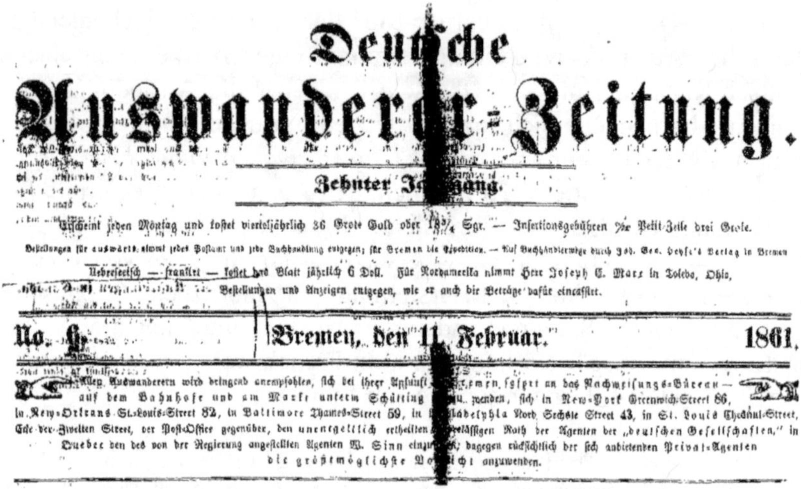

Deutsche Auswanderer-Zeitung.

Zehnter Jahrgang.

Erscheint jeden Montag und kostet vierteljährlich 36 Grote Gold oder 18¾ Sgr. — Insertionsgebühren pro Petit-Zeile drei Grote.

Bestellungen für auswärts nimmt jedes Postamt und jede Buchhandlung entgegen; für Bremen die Expedition. — Auf Buchhändlerwege durch Joh. Geo. Heyse's Verlag in Bremen.

Ueberseeisch — frankirt — kostet das Blatt jährlich 6 Doll. Für Nordamerika nimmt Herr Joseph C. Marx in Toledo, Ohio, Bestellungen und Anzeigen entgegen, wie er auch die Beträge dafür einkassirt.

No. 6. Bremen, den 11. Februar. 1861.

Allen Auswanderern wird dringend anempfohlen, sich bei ihrer Ankunft in Bremen, sofort an das Nachweisungs-Büreau auf dem Bahnhofe und am Markt unterm Schütting zu wenden, sich in New-York Greenwich-Street 86, in New-Orleans St.-Louis-Street 82, in Baltimore Thames-Street 59, in Philadelphia Nord Sechste Street 43, in St. Louis Chestnut-Street, Ecke der Zweiten Street, der Post-Office gegenüber, den unentgeltlich ertheilten zuverlässigen Rath der Agenten der „deutschen Gesellschaften," in Quebec den des von der Regierung angestellten Agenten W. Sinn einzuholen; dagegen rücksichtlich der sich anbietenden Privat-Agenten die größtmögliche Vorsicht anzuwenden.

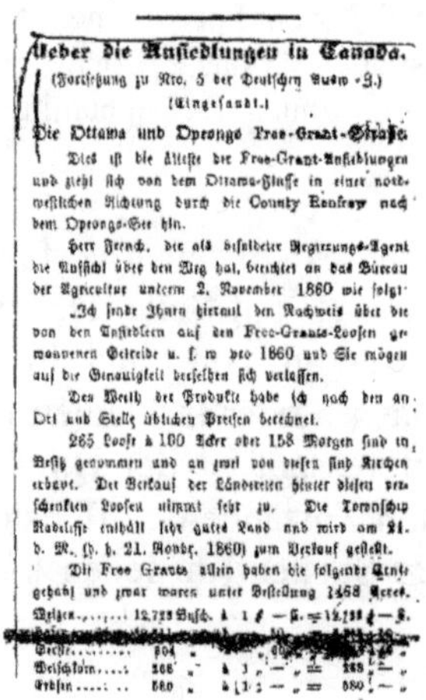

Ueber die Ansiedlungen in Canada.

(Fortsetzung zu Nro. 5 der Deutschen Ausw.-Z.)

(Eingesandt.)

Die Ottawa und Opeongo Free-Grant-Straße.

Dies ist die älteste der Free-Grant-Ansiedlungen und zieht sich von dem Ottawa-Flusse in einer nordwestlichen Richtung durch die County Renfrew nach dem Opeongo-See hin.

Herr French, der als besoldeter Regierungs-Agent die Aufsicht über den Weg hat, berichtet an das Büreau der Agricultur unterm 2. November 1860 wie folgt:

„Ich sende Ihnen hiermit den Nachweis über die von den Ansiedlern auf den Free-Grants-Loosen gewonnenen Getreide u. s. w. pro 1860 und Sie mögen auf die Genauigkeit derselben sich verlassen.

Den Werth der Produkte habe ich nach den an Ort und Stelle üblichen Preisen berechnet.

265 Loose à 100 Acker oder 158 Morgen sind in Besitz genommen und an zwei von diesen sind Kirchen erbaut. Der Verkauf der Ländereien hinter diesen verschenkten Loosen nimmt sehr zu. Die Township Radcliffe enthält sehr gutes Land und wird am 21. d. M. (d. h. 21. Novbr. 1860) zum Verkauf gestellt.

Die Free Grants allein haben die folgende Ernte gehabt und zwar waren unter Bestellung 1458 Acres.

Weizen	12,723 Busch.	à 1 $ — C.	=	12,723 $ — C.
[illegible]				
Gerste	804 „	[illegible]		[illegible]
Welschkorn	168 „	à 1 „ — „	=	168 „ — „
Erbsen	580 „	à 1 — „	=	580 „ — „

Auswanderung nach Canada!

Verkauf von Regierungs-Ländereien.

Kronland wird entweder in großen Massen oder kleinen Parcellen (Lot's) an wirkliche Ansiedler verkauft. — Land in größeren Massen (en bloc), d. h. zwischen 40 bis 50.000 Acker können für 50 Cents oder 20 Silbergroschen preuß. Courant per Acker unter den folgenden Bedingungen gekauft werden (ein Acker = 1581 preuß. Morgen): Käufer hat das gekaufte Land in Parcellen von 100 bis 200 Acker groß nach einem von der Regierung genehmigten Plane vermessen zu lassen, ferner dafür Sorge zu tragen, daß ein Drittel des gekauften Landes innerhalb zwei Jahren, das zweite Drittel nach sieben Jahren und das letzte Drittel nach 10 Jahren, vom Tage des Kaufs, mit Ansiedlern besetzt sei. Von diesen Bedingungen wird abgestanden in Beziehung eines Theiles des Landes, das bei Ablauf der letzten Periode als untauglich für Ansiedlungen gefunden werden sollte. Der Ansiedler muß an seiner Parcelle wenigstens zwei Jahre ununterbrochen gelebt, und 10 Acker für jede 100 Acker Besitz unter Cultur haben, ehe er den Besitztitel von der Regierung erhalten kann. Für gewöhnlichen sind die Kronländereien in Parcellen (Lot oder Farmen) zu 100 bis 200 Acker vermessen, und diese werden den [illegible] Ansiedlern zu 70 Cents per Acker baar verkauft, [illegible] 1 Dollar (1 Thlr. 10 Sgr.), wenn nur der fünfte Theil [illegible] gezahlt wird der Rest in jährlichen Raten mit Zinsen [illegible] Besitztitel wird dem Käufer aber nur dann gegeben, [illegible] Preis des Landes vollständig bezahlt, zwei Jahre [illegible] dem Lot nachgewiesen und wenigstens 10 Acker [illegible] Acker in Culturzustand gebracht worden. [illegible] 100 Acker = 158 Morgen preuß. [illegible] [illegible] an wirkliche Ansiedler [illegible]

Abbildung 25: Die in Bremen erscheinende Deutsche Auswanderer-Zeitung. In dieser Ausgabe erschien ein Artikel über die *„Free Land Grants"* im Ottawatal sowie ein Inserat über den Verkauf von Land im Staatsbesitz („Kronland").

1961 gab Wagner ein 27 Seiten umfassendes Büchlein heraus, das den Titel führte „Anleitung für Diejenigen, welche sich am Ottawa-Flusse niederlassen wollen".[61]

In diesem Handbuch für Ansiedler am Ottawa erzählte Wagner, er sei selbst vor elf Jahren aus Deutschland ausgewandert und habe sich im Laufe seiner Tätigkeit als Landvermesser mit den Problemen der Siedler vertraut gemacht. Er erwähnte seinen Kollegen Sinn als „den deutschsprachigen Regierungsagenten in Quebec". Er nannte eine Anzahl an Leuten, die deutschen Einwanderern im Ottawatal nützlich sein könnten, einschließlich Kaufleuten, Holzhändlern, Gastwirten und Einwanderungsagenten. Seltsamerweise nannte er nicht den Namen des Regierungsagenten in Ottawa den er ausführlich beschrieb:

> „Der Agent in Ottawa ist ein Kaufmann, ein Preuße von Geburt, und ehemaliger Offizier der Schleswig-Hollstein'schen Armee; er hat den Posten hauptsächlich übernommen, um den deutschen Einwanderern besser behilflich sein zu können. Er ist stets munterer Laune und ich bin überzeugt, Jeder, der mit ihm zu thun hat, wird ihn lieb gewinnen; ich kenne den Herrn seit er nach Ottawa gekommen und habe ihn stets als rechtlich und brav gefunden."

Im Jahre 1961 war der Agent in Ottawa nicht mehr Francis Clemow (der ein prominenter Ottawaer Kaufmann wurde und von 1885 bis zu seinem Tode 1902 Senatsmitglied war). Clemow war keineswegs in Preußen, sondern in *Trois-Rivières* (Quebec) geboren. Der neue in Deutschland geborene Agent könnte Wills gewesen sein, der den 1862er Einwanderungsbericht für Ottawa verfasste, oder ein anderer. Clemow hatte einen deutschsprachigen Assistenten und Dolmetscher, Louis Fecht[62]. Es ist möglich, dass Fecht Clemows Nachfolger wurde und dann durch Wills abgelöst wurde. Im Mai 1877 war Wills immer noch Einwanderungsagent in Ottawa.[63]

---

[61] AG 2392 (08).
[62] AG 2392 (21).
[63] GG (Korrespondenz über die Familie Raabe.)

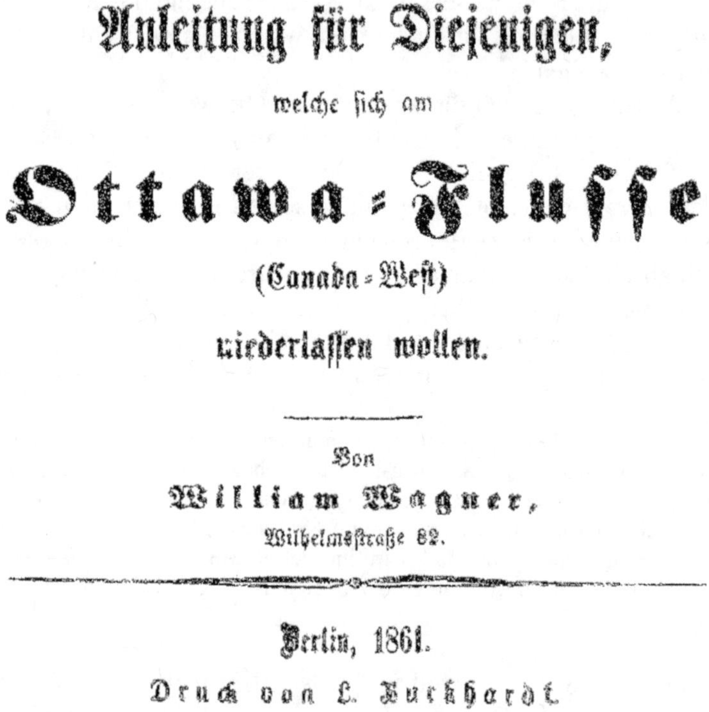

Anleitung für Diejenigen,
welche sich am
Ottawa-Flusse
(Canada-West)
niederlassen wollen.

Von
William Wagner,
Wilhelmsstraße 82.

Berlin, 1861.
Druck von L. Burkhardt.

Abbildung 26: Die 27 Seiten lange Anleitung für Diejenigen ... wurde 1861veröffentlicht, um deutsche Einwanderer anzuziehen (RG. 17).

So verlief der öffentliche Dienstweg für das Ottawatal-Einwanderungsprogramm wie folgt: Der Landwirtschaftsminister bestimmte als Mitglied des Kabinetts die Politik. Der hochrangige Beamte William Hutton[64] ernannte die Einwanderungsagenten. William Wagner rekrutierte die Einwanderer in Europa. Die ankommenden Einwanderer

[64] William Hutton war als Farmer aus Irland eingewandert. Er diente von 1855 bis zu seinem Tode 1861 (im Alter von 51 Jahren) als Staatssekretär des Landwirtschaftsministers. Er förderte aktiv die Einwanderung aus Großbritannien und vom europäischen Festland, indem er Essays verfasste und Vorlesungen hielt.

wurden von Regierungsagenten im Hafen von Quebec empfangen und an den Ottawa-Agenten weitergeleitet, der sie zum Büro von T.P. French an der *Opeongo Road* schickte, wenn sie Kandidaten für „*Free Land Grants*" waren. Es ist nichts über andere Agenten bekannt, die eventuell im oberen Ottawatal (zum Beispiel in Pembroke) tätig gewesen sein könnten, um Einwanderer zu bedienen, die nicht am *Opeongo Road*-Programm beteiligt waren. Oft gab es ein weiteres Glied in dieser Kette: in Deutschland ansässige kommerzielle Auswanderungsagenten, mit denen die kanadischen Einwanderungsagenten zusammenarbeiteten. Mit diesen kooperierte auch Wagner (und vor ihm schon William Sinn von Quebec aus).

Ein weiteres Beispiel dafür, wie Wagner oft Tatsachen verdrehte, um deutsche Einwanderer anzuwerben, ist seine Übersetzung (bzw. Anpassung) von Sinns Bericht an die Regierung vom 20. Oktober 1860[65]. Der ursprüngliche, an den Minister für *Crown Lands*, P.M. Vankoughnet adressierte Bericht war realistisch und fasste die Situation recht gut zusammen, obwohl auch er einige fragwürdige Abschnitte enthielt. Aber Wagners Version[66] übersprang die negativen Punkte und schmückte die positiven Aspekte schamlos aus:

Sinns Bericht erwähnte, dass 30 Familien nicht in der Lage waren, ihr Land in Besitz zu nehmen, weil es keine Wege gab, um dort hin zu gelangen, und dass etwa ein Dutzend Familien in Petawawa und Westmeath ihr Land erst im nächsten Frühjahr erreichen können. Wagner ließ diese Stelle aus. Sinn schrieb, dass die Leute am Nordufer des *Indian River* zwischen Wilberforce und North Algona große Schwierigkeiten hatten, die Mühlen in Pembroke und Eganville zu erreichen, weil frühere Siedler die Waldwege gesperrt hatten, die den einzigen Zugang darstellten, denn es gab dort noch keine richtigen Straßen. Sie mussten daher ihre Produkte auf dem Rücken zu den Märkten tragen. Da sie nicht wussten, wie sie ihre Klagen auf Englisch vorbringen sollten, schienen die Gemeinderäte nur sehr langsam

[65] AG 2392 (04).
[66] A Vol.2392.

zu reagieren und die notwendigen Zugangswege anzulegen. Auch das verschwieg Wagner.

Sinn schrieb, am Anfang der *Opeongo Road* sei das Land allgemein schlecht und die Straße selbst infolge von kräftigem Regen in sehr dürftigem Zustand, dass sie erst besser wurde, wo die Abzweigung zum *Madawaska River* begann, dass die Siedler erst im Bereich des *Opeongo*-Sees ein Gebiet mit hervorragenden Böden erreichen konnten, dass jedoch nur wenige Deutsche so weit vorgedrungen waren und stattdessen 8 Meilen vor dem See gesiedelt hatten. Wagners Interpretation: „Mir wurde gesagt, manche Preußen hätten schon den Opeongo-See erreicht und seien dort mit hervorragenden Böden belohnt worden."

Sinn fuhr fort, dass die deutschen Siedler noch nicht alles gerodete Land bebauen konnten, dass im vergangenen Sommer erst etwa ein Drittel gerodet war, das sie dann aber mit Winterweizen bestellt hatten, der nun etwa drei bis vier Zoll hoch war. Würde das milde Wetter anhalten und der Weizen den Winter überstehen, sei im nächsten Jahr eine reiche Ernte zu erwarten. Wagner: „Die Deutschen hatten das gerodete Land noch nicht vollständig bestellt, aber es ist jetzt mit Winterweizen bestellt worden, der gut steht und eine reiche Ernte verspricht."

Sinn: „Die preußischen Polen an der Opeongo Road machen keine guten Fortschritte. Sie haben sich zu weit von einer Beschäftigungsmöglichkeit entfernt, auf die sie immer noch angewiesen sind." Wagner erwähnte davon nichts.

Sinn: „Die allgemeine Meinung im gesamten Ottawa-Gebiet ist, dass die Ernte besser als üblich ausfallen wird und dass ein durchschnittlicher Ertrag von mehr als 30 *Bushel* pro *Acre* erwartet wird." Wagners Version: „Dieses Jahr beträgt die Ernte gewiss 30 *Bushel* pro *Acre* ... und hat den Siedlern mehr als genügend Vorräte für nächstes Jahr eingebracht. So können sie ihre ganze Energie für ihre Farmen einsetzen".

Sinn: „Ich füge auch eine Erklärung bei, die einige preußische Siedler unterschrieben haben, in der sie ihre Dankbarkeit ausdrücken, dass man sie zu einem Gebiet gebracht hat, wo sie Fortschritte erzielen können." Wagner: "Ich füge eine von diesen Siedlern unterschriebene Erklärung bei, in der sie der Regierung dafür danken, wie freundlich man sie behandelt hat, obwohl sie als Fremde der Sprache nicht mächtig sind."

Sinns Bericht zählte 95 Siedler auf, von denen 62 Deutsche und die übrigen Kaschuben aus Westpreußen waren. Vierzig der Deutschen waren zur Zeit des Berichts seit 18 Monaten im Lande. In Tabelle 2 erstellte Sinn eine alphabetische Liste der 60 im Bericht enthaltenen deutschen Siedler. Es ist nicht bekannt, wie Sinn diese Liste aufstellte oder welchen Anteil der Siedler sie enthielt. Schätzt man, dass die durchschnittliche Familie sechs Personen enthielt und dass die deutsche Bevölkerung zu der Zeit etwa 1200 Menschen betrug, hätte die Liste nur etwa 30 % aller Familienvorstände verzeichnet. Merkwürdig ist, dass keine der 1857 und nur fünf der 1858 Eingetroffenen aufgeführt sind. Vielleicht bestand der Unterschied aus den „Leuten, die noch nicht Besitz nehmen konnten" und der „großen Zahl, die noch Arbeit leisten und das Land im kommenden Frühjahr in Besitz nehmen werden".

Bericht

des

deutschen Regierungs-Agenten über die Ansiedlung der Deutschen am Ottawa-Flusse in Canada.

An
den Minister der Kronländereien
Honble P. M. Vankoughnet.

Quebec.

Sir!

Den mir unter dem 11. v. M. gewordenen Instructionen gemäß, begab ich mich nach der Ober-Ottawa, dort wo die preußische Ansiedlung ist und habe die Ehre, Folgendes zu berichten.

Der beifolgende Nachweis zeigt, daß 95 meist preußische Familien sich wirklich niedergelassen. Ferner haben einige 30 bereits die erste Anzahlung gemacht und werden erst im Frühjahr 1861 von ihrem Lande Besitz nehmen. Die Niederlassung ist in den Kreisen Alice, Wilberforce, Bromley, Adamston, Nord- und Süd-Algona und an den Free-Grants an der Ottawa- und Opeongo-Straße. Etwa ein Dutzend Familien leben an der Petewawe und in Westmeath. Die hier wohnenden Preußen theilten mir mit, daß ungefähr 60 Familien im nächsten Frühjahr hier erwartet werden konnten, es sind dies Freunde von den in Bromley wohnenden Preußen.

Ich bin davon unterrichtet, daß einige Preußen bis nahe an den großen Opeongo-See bereits vorgedrungen und, wie ich höre, durch ausgezeichnetes Land für ihren Unternehmungs-Geist belohnt worden sind; ebenso sind einige in die Gegend des See Nipissing*) gegangen.

Ich muß hiermit gestehen, daß es keinen Theil in Canada giebt, der den Einwanderern größere Hülfsmittel an die Hand giebt, ein Eigenthum zu erwerben, als das Ottawa-Thal. Man findet sehr schöne Regierungs-Ländereien und ebenso finden sich Parcellen in den Händen von Privaten, theilweise urbar gemacht, zum Preise von 4—25 Dollars pro Acker. Das von den deutschen Ansiedlern urbar gemachte Land war nicht Alles besäet und mit Sicherheit 1/3 des Ganzen als unbestellt anzunehmen; doch ist jetzt dieses mit Wintergetreide bestellt. Weizen- und Roggensaat stehen prächtig und versprechen eine herrliche Erndte.

Die diesjährige Erndte, welche mit Sicherheit auf 30 Buschel pro Acker anzunehmen, mithin das 23. Korn erzielte, hat den Ansiedlern mehr als genügenden Proviant für das nächste Jahr gegeben und deshalb sind sie im Stande, alle ihre Energie und Thatkraft ihren Farmen zuzuwenden. Der Kontrast spricht wohl für diese neue Ansiedlung. Vor 2 Jahren waren sie Diener, jetzt verhältnißmäßig unabhängig und gehen bei ihrem angestammten Fleiße einem sichern Wohlstande entgegen.

Gleichzeitig überreiche ich eine Adresse von diesen Ansiedlern unterzeichnet, worin sie der Regierung ihren Dank aussprechen, für die gütige Fürsorge, die man ihnen den Fremden und der Sprache Unkundigen hat von Seiten der Regierung angedeihen lassen. Anbei erfolgen 11 Sorten Weizen dieser Ansiedlung, die ich hiermit zur Disposition stelle.

---

*) Der See Nipissing liegt an dem neu vermessenen Canal, zwischen dem St. Lorenz-Strom und dem Huron-See. Der See ist 14 1/2 deutsche Meilen lang, 5 1/4 Meilen breit.

Abbildung 27: Teile des Berichts vom 20. Oktober 1860 an die Regierung der Kolonie Canada, in der Übersetzung (Anpassung) durch William Wagner für seine Werbekampagne in Deutschland. Die Daten für die ersten 48 von William Sinn aufgelisteten Familien wurden vom Autor alphabetisch geordnet. Die letzten beiden Spalten in Sinns Tabelle zeigen, wie viel jede Familie im Sommer 1860 geerntet hatte (in *Bushel*) und welchen Viehbestand sie besaßen. Der Wert an Land, Vieh, Gebäuden und Vorräten von 40 der 95 Siedler ist angegeben.

Nachweis des Fortschritts der preu-

№	Name der Ansiedler.	Geburtsort.	Kreis.	Regierungs-Bezirk.
1	Carl Krüger	Bacherskrutz	Lübben	Frankfurt a. O.
2	John Witzel	Cassel	Hessen	Hessen Cassel
3	Ludwig Schultz	Arendsee	Prentzlow	Potsdam
4	John Krüger	Oberhoff	Greves-Mühlen	Mecklenburg
5	Carl Lenz	"	"	"
6	Al. B. Gubde	Rotterdam	Rotterdam	Holland
7	John Griese	Greifswald	Greifswald	Frankfurt a. O.
8	Carl Somers	"	"	"
9	Carl Kleinholz	Rochow	Mecklenb.-Schwerin	Mecklenb.-Schwerin
10	Gottl. Kuß	"	"	"
11	Martin Marks	Ragazin	Obornick	Posen
12	A. Kocherowsky	"	"	"
13	J. Buchard	Hessen-Cassel	Cassel	Hessen
14	Ludwig Ringe	"	"	"
15	John Gottl. Weber	Kranziehn	Arnswalde	Neu-Mark
16	Carl Bussow	Gr. Voßhagen	Greves-Mühlen	Mecklenburg
17	Jochem Grund	Tarnewitz	"	"
18	Wilh. Schröder	Breitenstein	Friedeberg	Frankfurt a. O.
19	Fried. Sell	"	"	"
20	John Bohn	"	"	"
21	Gottl. Möller	"	"	"
22	Gottl. Quast	"	"	"
23	Aug. Schröder	"	"	"
24	Chr. Quast	"	"	"
25	Nikolas Krantz	Breitenbach	Herzberg	Hessen
26	Carl Rühs	Wackerow	Greifswald	Vor-Pommern
27	Fried. Schüt	Greifswald	"	"
28	Wilh. Thur	Joltz	Marsow	Stargardt
29	Chr. Waßmund	Klein-Schönwalde	Greifswald	Vor-Pommern
30	Theodor Waßmund	"	"	"
31	Martin Budarich	Drachhausen	Cottbus	Frankfurt a. O.
32	Martin Budarich jun.	"	"	"
33	Fried. Kulasser	"	"	"
34	Martin Ninza	"	"	"
35	Martin Liesk	"	"	"
36	Mathes Liesk	"	"	"
37	Ferd. Kaatz	Rohrbeck	Arnswalde	"
38	Julius Ringel	Steffenshütte	Berent	Danzig
39	Carl Ringel	"	"	"
40	Gottl. Volgeringer	Piscorcinick	Winzig	Schlesien
41	Edw. Weber	Marienfließ	Stargardt	Pommern
42	A. Diehl	Cassel	Cassel	Hessen
43	John Boldt	Neseband	Bergen	Insel Rügen
44	John Biesenthal	Marienhof	Arnswalde	Frankfurt a. O.
45	Fried. Witt	Schönfelde	"	"
46	Ludwig Brosch	"	"	"
47	John Wienholz	Lubow	Wismar	Mecklenburg
48	Carl Ringel	Steffenshütte	Berent	Danzig

ßischen Ansiedlung an der Ottawa.

Wann mit der Urbarmachung begonnen.	Anzahl der urbar gemachten Acker.	Name des* jetzigen Wohnorts, genannt Township.	Ernte im Sommer 1860: Weizen.	Roggen. Erbsen.	Hafer.	Gerste.	Kartoffeln.	Flachs.	Besitzen an Vieh: Kühe.	Ochsen.	Jungvieh.	Schaafe.	Schweine.	Hühner.
Frühj. 59	10	Bonchère Bromley	70	34	—	—	72	—	1	—	—	—	2	6
Herbst 59	8	Wilberforce	20	10	6	4	50	—	—	—	—	—	—	—
Frühj. 60	2	Bouchère Admaston	—	—	—	—	60	—	1	—	—	—	—	—
"	3	Bromley	—	—	—	—	70	—	1	—	—	—	—	—
"	2	"	—	—	—	—	50	—	1	—	—	—	—	—
"	11	Grant Opeongo	15	—	—	—	120	10	1	—	—	—	2	10
Herbst 60	3	Bromley	·	—	—	—	—	—	1	—	—	—	2	—
"	3	"	—	—	—	—	—	—	1	—	—	—	1	—
"	2	"	—	—	—	—	—	—	1	—	—	—	—	—
"	3	Bonchère Bromley	—	—	—	—	—	—	1	—	—	—	1	—
Frühj. 60	4	"	24	2	9	—	50	—	1	—	—	—	3	14
"	7	Wilberforce	36	3	6	—	100	—	1	—	—	2	3	6
"	6	"	30	4	7	—	100	—	1	—	—	—	2	—
"	3	Bonchère Admaston	18	—	11	—	40	—	1	—	—	—	1	—
"	—	Stadt Renfrew	Jeder hat einen Bauplatz mit Garten dazu.						1	—	—	—	1	14
"	—	"							1	—	—	—	4	30
"	—	"							1	—	—	—	3	10
Frühj. 59	11	S. Algoma	50	—	27	—	150	—	1	—	2	4	3	12
Herbst 60	—	"	Erst Ende August 1860 angekommen, Freunde von W. Schröber.											
"	—	"												
"	—	"												
"	—	"												
"	—	"												
"	—	"												
Herbst 59	7	N. Algoma	20	—	—	—	100	—	1	—	—	—	3	—
Frühj. 59	20	Wilberforce	150	16	40	—	145	60	2	2	—	4	2	17
"	8	"	90	4	16	—	120	60	2	2	—	2	1	10
"	7	"	55	4	10	—	80	20	1	—	—	2	1	9
"	10	"	80	21	26	6	140	50	2	2	—	6	3	16
"	3	"	—	—	—	—	50	—	1	—	—	—	—	—
Herbst 58	36	"	90	26	75	7	136	45	2	2	4	5	4	30
"	4	"	10	—	10	—	60	—	1	—	—	—	1	—
"	16	"	60	21	55	5	82	32	1	—	—	3	2	13
"	14	"	55	20	60	9	58	33	1	—	—	2	2	8
Frühj. 60	5	Alice	—	—	—	—	—	—	—	—	—	—	1	—
"	4	"	—	—	—	—	—	—	—	—	—	—	1	—
Frühj. 59	6	"	25	14	4	—	65	—	1	—	—	—	3	13
Juli 1859	3	"	10	18	—	—	70	—	1	—	—	—	1	—
"	5	"	15	27	10	—	86	20	2	2	2	3	2	12
Frühj. 60	2	"	—	—	—	—	—	—	—	—	—	—	—	—
Juli 1859	3	"	5	5	8	—	53	—	1	—	—	—	1	3
Frühj. 59	2	"	3	—	10	—	20	—	—	—	—	—	—	—
Juli 1859	9	"	50	25	25	5	100	—	2	—	2	3	2	12
Frühj. 59	8	"	40	27	30	—	100	—	2	—	2	2	3	16
"	10	"	50	28	50	—	120	—	1	—	1	3	3	15
"	3	"	—	—	—	—	—	—	1	—	—	—	1	—
Juli 1859	8	"	26	3	6	—	40	—	1	—	—	—	1	—
"	4	"	—	—	—	—	—	—	—	—	—	—	—	—

№	Name der Ansiedler.	Geburtsort.	Kreis.	Regierungs-Bezirk.
49	John Urenche	Röbel	Röbel	Mecklenburg
50	Joseph Robloff	"	"	"
51	John Christen.	Poserin	Goldberg	"
52	Michel Man.	Liebenau	Arnswalde	Frankfurt a. O.
53	Gottl. Wassenberg . .	Radwitz	Buntzen	Posen
54	Wilh. Suckow	Zachan	Saazig	Stettin
55	John Suckow.	"	"	"
56	August Freiwald . . .	Klein Latzkan	Soldin	Frankfurt a. O.
57	Wilh. Suloff	"	"	"
58	John Scheerer	Berlin	Berlin	Potsdam
59	Heinr. Scheerer	"	"	"
60	Gottl Slahr	Baden-Baden	Baden-Baden	Baden-Baden
61	~~Albert Fließ~~	Korne	Berent	Danzig
62	Albert Stomernick . .	"	"	"
63	John Hieß	"	"	"
64	Albert Zblewsky . . .	Kalisch	"	"
65	Joseph Lorbietsky . . .	"	"	"
66	Joseph Zezarsky . . .	Stanska	"	"
67	Andrew Kroschinsky .	Filippa	"	"
68	Theod. Schulist	Kalisch	"	"
69	Joseph Suzick.	"	"	"
70	John Suzick	"	"	"
71	Matthias Stipior . . .	Slainzic	"	"
72	Chr. Jereczck	Graban	Karthausen	"
73	Paul Zolensky	Gornitz	Marienwerder	"
74	August Savta.	Frebohn	Berent	"
75	John Kulasser	Juska	"	"
76	Jacob Kulasser	"	"	"
77	Caszmir Roza	Lippusch	"	"
78	Joseph Sczalla	Karsin	Gornitz	Marienwerder
79	Paul Sczalla	"	"	"
80	John Liza	Karshin	"	"
81	Anton Zewerth	Selzena	Berent	Danzig
82	Franz Prius	Kalisch	"	"
83	Michel Prince.	"	"	"
84	Anton Prince	"	"	"
85	Joseph Aninsky. . . .	"	"	"
86	Joseph Stenza	Klintz	"	"
87	Paul Trebinsky. . . .	Stulyna	Karthaus	"
88	Albert Kulasser	Juarni	Berent	"
89	Michel Stipior	Ostrand	Karthaus	"
90	August Flies	Korne	Berent	"
91	Joseph Zblewsky . . .	Kalisch	"	"
92	Joseph Taxa	"	"	"
93	Mathias Zadowsky . .	Puskair	"	"
94	Matthias Pekulczky . .	"	"	"
95	Peter Kaldusky	"	"	"

ßischen Ansiedlung an der Ottawa.

Wann mit der Urbarmachung begonnen.	Anzahl der urbar gemachten Acker.	Name des jetzigen Wohnorts, genannt Township.	Ernte im Sommer 1860:						Besitzen an Vieh:					
			Weizen.	Erbsen. Roggen.	Hafer.	Gerste.	Kartoffeln.	Flachs.	Kühe.	Ochsen.	Jungvieh.	Schaafe.	Schweine.	Hühner.
Juli 1859	4	Wilberforce	10	—	6	—	40	—	1	—	—	—	2	—
"	8	"	30	19	20	—	75	—	1	—	—	2	3	9
Frühj. 59	10	"	35	30	25	—	45	—	1	—	—	1	4	12
"	6	"	25	7	4	2	45	—	1	—	—	—	1	4
Juli 1859	5	"	15	9	10	2	50	—	1	—	—	—	3	—
Frühj. 59	8	"	60	3	20	2	85	—	1	—	—	1	2	19
"	—	"	—	—	—	—	—	—	—	—	—	—	—	—
Juli 1860	2	"	—	—	—	—	—	—	—	—	—	—	—	—
Frühj. 59	12	"	50	20	40	—	90	—	2	2	2	—	3	—
"	4	Grant Opeongo	10	4	16	—	44	—	1	—	—	—	1	—
"	3	"	12	—	—	-	40	—	1	—	—	—	—	—
"	3													
"	2													
"	—													
"	—													
"	—													
"	—													
"	—													
"	—													
"	—													
"	—													
"	—													
"	—													
"	—													
"	—													
"	—													
"	—													
"	—													
"	—													
"	—													
"	—													
"	—													
"	—													
"	—													
"	—													
"	—													
"	—													
"	—													
"	—													
"	—													
"	—													
"	—													
"	—													
"	—													
"	—													

Angesiedelt an der Ottawa — Opeongo-Straße, an welcher jeder 150 Morgen frei als Geschenk erhält.

Die zuletzt aufgeführten 36 Ansiedler kamen in diesem Frühjahr auf ihr Land und haben, obgleich spät angefangen, doch so viel geerndtet, daß sie die nächste Erndte erreichen werden. Die große Entfernung, in welche diese Leute gezogen, verhindert, daß sie genug Arbeit bekommen können und trotzdem, daß sie nicht so gut situirt als die vorher genannten, sind sie mit ihrer jetzigen Lage vollständig zufrieden.

Vierzig von diesen 95 Ansiedlern, in dem vorgehenden Nachweis erwähnt, begannen die Ansiedlung seit 18 Monaten und haben in dieser Zeit Beweis geliefert, was gethan werden kann von Jemanden, der circa 75 Dollars (denn mehr hatten diese Leute nicht) besitzt.

Bezahlt die 1. Rate von 4000 Acker oder Jeder 100 Acker bezahlt mit	700	Dollars.
40 Blockhäuser, Scheunen und Ställe, à 40 Dollars	1600	"
48 Kühe, à 25 Dollars	1200	"
6 Gespann Ochsen, à 80 Dollars	480	"
15 Stiere (Jung-Vieh), à 15 Dollars	225	"
45 Schaafe, à 2 Dollars	90	"
72 Schweine, à 10 Dollars	720	"
260 Stück Geflügel, à 15 Cents	37	"
1400 Buschel Weizen, à 1 Dollars 20 Cents	1680	"
422 Buschel Erbsen, Roggen, Gerste, à 60 Cents	265	"
642 Buschel Hafer, à 40 Cents	256	"
3060 Buschel Kartoffeln und Rüben, à 30 Cents	918	"
330 Pfund Flachs, à 10 Cents	33	"
40 Tonnen Heu, Thimotheesaame und Klee (1 Tonne gleich 20 Centner), à 17 Dollars	280	"
334 Acker urbar gemacht, à 10 Dollars	3340	"
Summa	11824	Dollars.
Eingebrachtes Kapital der 40 Ansiedler, durchschnittlich mit 75 Dollars pro Familie	3000	"
Also zu Gunsten der Ansiedlung	8824	Dollars.

Für jeden also circa 220 Dollars 20 Cents für 18 Monat Arbeit.

Regierungs-Auswanderungs-Bureau, Abtheilung für deutsche Einwanderer.

gez.: **W. Sinn,**
Deutscher Agent.

Quebec, den 20. October 1860.

Für die richtige Uebersetzung

William Wagner,
Wilhelmsstraße 82.

Berlin, im Dezember 1860.

Druck von L. Burkhardt in Berlin.

Während die Regierung ständig zur Vorsicht und Zurückhaltung bei der Rekrutierung von Auswanderern mahnte, schien Wagner übertrieben eifrig gewesen zu sein. Der Ottawa-Agent Francis Clemow schrieb in seinem Bericht vom 31. Dezember 1860:

> „Es ist natürlich sehr wichtig, dass niemand außer kompetenten Leuten der Arbeiterklasse ermutigt werden sollte, auf dem Boden dieser Provinz zu siedeln. Sie sollten auch etwas Kapital besitzen, denn ohne ausreichende Mittel wäre es mehr als töricht, Land kultivieren zu wollen, wenn ihnen auch das Land als Geschenk gewährt wird. Es gehört viel Urteilsvermögen dazu, die Personen auszuwählen, die man zur Auswanderung drängen sollte oder denen man dazu raten sollte ..."

Im Jahre 1858, also noch vor Wagners Ernennung, warnte der Bericht des *Crown Lands Office*:

> „Die Erfahrung hat uns gelehrt, dass Neueinwanderer, die nicht gewohnt sind, mit der Axt umzugehen und auch unser Klima und unsere Fruchtfolge nicht kennen, so gut wie keine Chance haben, erfolgreich in den wilden Landgebieten zu siedeln, wenn sie nicht genügend Kapital besitzen, um Arbeiter zu beschäftigen oder wenigstens im ersten Jahr für Erfahrung zahlen können, die andere ihnen vermitteln können. Neueinwanderer ohne ausreichende Mittel sollten gewarnt werden, welche Schwierigkeiten ihnen den Erfolg versagen können und sollten lieber ermutigt werden, erst etwa eine Saison lang bei Farmern in Arbeit zu gehen, ehe sie versuchen, selbst ohne Erfahrung zu farmen."

Es ist offensichtlich, dass Wagner über diese Richtlinien Bescheid wusste. So reflektieren sogar seine Einstellungsbedingungen die Absicht der Regierung. Trotzdem lockte er Leute mit Sprüchen an wie:

> „Sogar ein Arbeiter, der nicht an die Axt gewohnt ist, kann an einem Tag einen *Acre* Wald roden und die Bäume zum Verbrennen vorbereiten; 4 Mann mit einem Ochsengespann brauchen einen Tag, um das Holz aufzustapeln."[67]

---

[67] Vol. 2394, Wagners „Büchlein".

Tabelle 2: Liste von 62 deutschen Siedlern (Familienvorständen bzw. einzeln Reisenden), die mit Sinns Bericht am 20. Oktober 1860 der Regierung der Kolonie Canada vorgelegt wurde. (Vom Autor alphabetisch geordnet).

Name	Geburtsort	Landkreis	Staat*	Jahreszeit	Gerodete Acres	Landkreis (Township)
Biesenthal, John**	Narienhof	Arnswalde	Brandenburg	Frühjahr 1859	8	
Bohn, John	Breitenstein	Friedeberg	Brandenburg	Herbst 1860	-	Alice
Boldt, John	Neseband	Bergen/Rügen	Pommern	Juli 1859	9	South Algona
Brosch, Ludwig	Schönfelde	Arnswalde	Brandenburg	Frühjahr 1959	3	Alice
Buchard, J.	Kassel	Kassel	Hesseh	Frühjahr 1860	6	Alice
Budarich, Martin	Drachhausen	Cottbus	Brandenburg	Hebst 1858	36	Wilberforce
Budarich, Nartin Jr.	Drachhausen	Cottbus	Brandenburg	Herbst 1858	4	Wilberforce
Bussow, Carl	Gr.-Vosshagen	Grevesühlen	Mecklenburg	Frühjahr 1860	-	Wilberforce
Christen, John	Poserin	Goldberg	Mecklenburg	Frühjahr 1859	10	Stadt Renfrew
Diehl, J.	Kassel	Kassel	Hessen	Frhjahr 1859	2	Wilberforce
Fliess, Albert	Korne	Berent	Westpreußen	Frühjahr 1859	2	Alice
Freiwald, August	Kl.-Latzkau	Soldin	Brandenburg	Juli 1860	2	Grand Opeongo
Griese, John	Greifswald		Pommern	Herbst 1860	3	Wilberforce
Grund, Jochem	Tarnewitz	Grevesmühlen	Mecklenburg	Frühjahr 1860	-	Bromley
Gudde, Al. B.	Rotterdam		Niederlande	Frühjahr 1860	11	Stadt Renfrew
Kaatz, Ferd.	Rohrbeck	Arnswalde	Brandenburg	Herbst 1859	6	Grand Opeongo
Kleinholz, Carl	Rochow		Mecklenburg	Herbst 1860	2	Alice
Kocherowsky, A.	Ragazin	Obornick	Posen,	Frühjahr 1860	7	Bromley
Krantz, Nikolas,	Breitenbach	Herzberg	Hessen	Herbst 1859	7	Wilberforce
Krüger, Carl	Bacherskrutz	Lübben	Brandenburg	Frühjahr 1859	10	North Algoma
Krüger, John	Oberhoff	Grevesmühlen	Mecklenburg	Frühjahr 1860	3	Bonnechere-Br.
Kulasser, Friedrich	Drachhusen	Cottbus	Brandenburg	Herbst 1858	16	Bromley
Kuss, Gottlieb	Rochow		Mecklenburg	Herbst 1860	2	Wilberforce
Lenz, Carl	Oberhoff	Grevesmühldn	Mecklenburg	Frühjahr 1860	2	Bonnechere-Br.
Liesk, Martin	Drachhausen	Cottbus	Brandenburg	Frühjahr 1860	5	Bromley
Liesk, Mathes	Drachhausen	Cottbus	Brandenburg	Frühjahr 1860	4	Alice
Man, Michel	Liebenau	Arnswalde	Brandenburg	Frühjahr 1859	6	Alicw
Marks, Martin	Ragazin	Obornick	Posen	Frühjahr 1860	4	Wilberforce
Möller, Gottl.	Breitenstein	Friedeberg	Brandenburg	Frühjahr 1860	-	Bonnehere-Br.
Quast, Chr.	Breitenstein	Friedeberg	Brandenburg	Herbst 1860	-	South Algoma
Quast, Gottlieb	Breitenstein	Friedeberg	Brandenburg	Herbst 1860	-	South Algoma

Ringe, Ludwig	Kassel		Hessen	Frühjahr 1860	3	South Algoma
Ringel, Carl	Steffenshütte	Berent	Westpreußen	Juli 1859	5	Bonnechere-Ad.
Ringel, Carl	Steffenshütte	Berent	Westpreußen	Juli 1859	4	Aiice
Ringel, Juius	Steffenshütte	Berent	Westpreußen	Juli 1859	3	Alice
Rinza, Martin	Drachhausen	Cottbus	Brandenburg	Herbst 1858	14	Alice
Rohloff, Joseph	Röbel		Mecklenburg	Juli 1858	8	Wilberforce
Rühs, Carl	Wackerow	Greifswald	Pommern	Frühjahr 1859	20	Wilberforce
Scherer, Heinrich	Berlin			Frühjahr 1859	3	Wilberforce
Scheerer, John	Berlin			Frühjahr 1989	4	Grand Opeongo
Schröder, Aug.	Breitenstein	Friedeberg	Brandenburg	Herbst 1860	-	Grand Opeongo
Schröder, Wilh.	Breitestein	Friedeberg	Brandenburg	Herbst 1859	11	South Algoma
Schultz, Ludwig	Arendsee	Prentslow	Brandenburg	Frühjahr 1860	2	South Algoma
Schüt, Friedr.	Greifswald		Pommern	Frühjahr 1859	8	Bonnechere-Ad
Sell, Friedr.	Breitenstein	Friedeberg	Brandenburg	Herbst 1860	-	Wilberforce
Slahr, Gottl.	Baden-Baden		Baden	Frühjahr 1859	3	.South Algona
Somers, Carl	Greifswald		Pommern	Herbst 1860	3	Opeongo Road
Suckow, Jojn	Zachau	Saazig	Pommern	Frühjahr 1859	-	Bromley
Suckow, Wilh.	Zachau	Saazig	Pommern	Frühjahr 1859	8	Wilberforce
Suloff, Wilh.	JKlein-Jatzkau	Soldin	Brandenburg	Frühjahr 1859	12	Wilberforce
Thur, Wilh.	Joltz	Marsow	Pommern	Frühjahr 1859	7	Wilberforce
Urenche, John	Röbel		Mecklenburg	Juli 1859	4	Wilberforce
Volgeringer, Gottl.	Piscocinick	Winzig	Schlesien	Frühjahr 1860	2	Wilberforce
Wassenberg, G.	Radwitz	Buntzen	Posen	Juli 1859	5	Alice
Wassmund, Chr.	Kl--Schönwalde	Greifswald	Pommern	Frühjahr 1859	10	Wilberforce
Wassmund, Th.	Kl--Schönwalde	Greifswald	Pommern	FrJuli 1859	3	Wilberforce
Wwber, Edw.	Marienfliess	Stargard	Pommern	ühjahr 1859	3	Wilberforce
Weber, J.G.	Kranziehn	Arnswalde	Brandenburg	Juli 1859	-	Alice
Wienholz, John	Lubow	Wismar	Mecklenburg	Juli 1859	8	Stadt Renfrew
Witt, Friedr.	Schönfelde	Arnswalde	Brandenburg	Frühjahr 1859	10	Alice
Witzel, John	Kassel		Hessen	Herbst 1859	8	Alice
						Wilberforce

*In manchen Fällen war der „Staat" falsch angegeben. Der Autor hat dies geprüft und den richtigen „Staat" eingegeben.
**In manchen Fällen war der Vorname bereits ins Englische übersetzt worden (z.B. Johann oder Hans als John usw.).

Die ursprüngliche Liste von Sinn enthält 95 „Familienhäupter" einschließlich Leuten mit kaschubischen Familiennamen, die hier ausgelassen wurden.

Es ist interessant, diese Behauptung mit Sinns Bericht zu vergleichen, der zeigt, dass sogar Familien, die bereits 18 Monate im Land waren, erst sehr wenige *Acres* gerodet hatten. Laut Wagner hätte es möglich sein müssen, 4 *Acres* im Monat bzw. 48 *Acres* im Jahr zu roden, während die von den vor 1860 angekommenen Familien im Herbst 1860 durchschnittlich gerodete Fläche 8,2 *Acres* betrug. Die im Frühjahr 1860 Angekommenen hatten im Herbst durchschnittlich erst 3,2 *Acres* gerodet, ehe aus dem rohen Waldboden ein Feld entstand, das gepflügt, weiter bearbeitet und schließlich bestellt werden konnte.

Nicht nur Wagners Hang zur Übertreibung, sondern auch seine Unkenntnis der praktischen Landwirtschaft geht aus seiner Empfehlung zur Feldbestellung hervor:

> „Für das erste Unterbringen der Saaten bedient man sich nur einer Hacke, Harke oder dergleichen. Es ist nur nöthig, den seit tausend Jahren schlummernden Boden aufzurühren, das Getreide darauf zu werfen und der Ansiedler, wenn sonst kein schlechtes Wetter eintritt, kann auf eine gute Ernte rechnen.
> „Hat der Ansiedler ein Mal eine volle Ernte gemacht, dann kann er mit Recht sagen, seine Zukunft ist ziemlich sicher, wenn keine harten Schicksale ihn treffen... Dann hat er es nicht mehr nöthig, seine Kräfte Andern zu Gute kommen zu lassen, sondern er ist im Stande sie auf seine eigenen Aecker anzuwenden. Diese zweite Ernte wird ihm genug abwerfen, um sich das nächst nöthige Gespann Ochsen usw. anzuschaffen."

5 Die Reaktion in Preußen

In einem Schreiben an William Hutton vom 24. April 1860[68] bestätigte William Wagner, er habe seine Arbeit in Preußen aufgenommen, ohne dass ihn jemand dabei störte. Er berichtete, er habe Besprechungen mit Herrn von der Heydt[69] und mit Herrn von Moerner, einem höheren Polizeibeamten in Berlin, geführt. Ihm sei versichert worden, er würde auf Antrag Erlaubnis erhalten, ein Büro zu eröffnen und zu unterhalten, um die Kolonie Canada in Auswanderungsfragen zu vertreten.

> „Ich hatte damit viel Lauferei, und etwa acht oder neun Tage lang musste ich mich in Schale werfen wie zu einer Hochzeit."

Wagner erklärte, er sei zweimal „im Landesinneren" gewesen und habe Broschüren verteilt, die er nun in der Hoffnung weiter verfolgen würde, „die Gemüter wachzurütteln". Am 25. April verließ er Berlin zu einer Reise nach Pommern und Westpreußen, um dort „für die kanadische Sache" zu werben. Wäre es möglich, Lokalzeitungen von damals systematisch zu durchsuchen, könnte man vielleicht Wagners Methoden „im tiefsten Preußen" noch eingehender verfolgen.

Der oben genannte Brief zeigt, dass zumindest in Berlin die Reaktion auf die Werbeaktivitäten der kanadischen Behörden keineswegs feindlich war. In einem anderen Schreiben[70] an seinen Vorgesetzten beklagte sich Wagner allerdings, er könne nicht immer mit Erlaubnis

---

[68] AG Vol. 2392 (03).

[69] August Freiherr von der Heydt war Mitglied der preußischen Nationalversammlung und von 1848 bis 1862 Handelsminister.

[70] PC (01).

P. Hessel, *Ziel: Ottawa Valley*, https://doi.org/10.1007/978-3-658-31571-9_6

rechnen, sich frei im Lande zu bewegen und dass er versuche, nicht mit der preußischen Polizei in Konflikt zu kommen.

Obwohl es in allen deutschen Ländern ein engmaschiges Netzwerk an deutschen Auswanderungsagenten gab, wurde die Arbeit ausländischer Agenten gewöhnlich durch deutsche Auswanderungsgesetze erschwert. Wer versuchte, Deutsche zur Auswanderung zu überreden, indem er sie mit falschen Informationen versorgte oder falsche Tatsachen vorspiegelte, machte sich strafbar. Am 7. Mai 1853 hatte Preußen ein Gesetz erlassen, das nur preußischen Staatsangehörigen mit staatlicher Zulassung erlaubte, auf kommerzieller Basis Auswanderer aus Preußen zu befördern. Ausländische Agenten durften in Preußen nur tätig sein, wenn sie eine Vereinbarung mit einer Reederei nachweisen konnten, die eine Sicherheitskaution als Garantie für sauberes Verhalten hinterlegt hatte.[71] Das erklärt den Umstand, dass - vor Wagner - der kanadische Agent William Sinn (zumindest auf dem Papier, von Quebec aus) auch als Agent für die *Grand Trunk Railway* und die *Michigan Central Railroad* aufgetreten war. Vielleicht hatte auch Wagner solche Verbindungen, doch dafür gibt es bisher noch keine Anzeichen.

Im Februar 1861 berichtete Wagner, die Beauftragten der Berlin-Hamburger Eisenbahn hätten ihm erlaubt, eine Landkarte von Kanada in Bahnhöfen entlang der Strecke auszustellen. Wagner war stark mit Lesungen, Besprechungen und dem Schreiben von Artikeln für Zeitungen und Zeitschriften beschäftigt. Am 2. Februar 1862 hielt er eine Vorlesung über das Ottawatal bei der Gesellschaft für Erdkunde in Berlin. Mit Stolz berichtete er, beim Abendessen sei ein Toast auf Kanada ausgesprochen worden.

Im Jahre 1861 schrieb Wagner, der Amerikanische Bürgerkrieg beginne die deutsche Einwanderung in die Vereinigten Staaten negativ zu beeinflussen: „... die Unruhen... sind eine große Hilfe." Es ist zu vermuten, dass dies der Hauptgrund war, warum so viele Deutsche nun plötzlich positiv auf die kanadische Werbekampagne reagierten. Außerdem behauptete Wagner auch, „In Europa erwartet man, dass im

[71] AA (06).

kommenden Frühjahr Krieg ausbricht," und er hoffte, auch das würde Kanada viel Nutzen bringen.

1862 erzählte Wagner, er habe Anzeigen in Zeitungen mit einer Gesamtauflage von 400.000 aufgegeben, 3500 Broschüren verteilt, 222 Landkarten von Kanada in Bahnhöfen, Kneipen usw. aufgehängt. Er gab Vorlesungen in Frankfurt am Main, Berlin, Breslau, Hirschberg und Erfurt. Allein zwischen Januar und März 1862 beantwortete er 178 Briefe von Auskunft suchenden potenziellen Auswanderern.

Es gibt Belege dafür, dass die preußischen Regierungsbehörden sich um das Wohlergehen preußischer Untertanen auch nach der Auswanderung nach Nordamerika und in andere Erdteile Sorgen machten. Gerüchte und Berichte über Notstände und Misserfolge hatten in ganz Deutschland viel Aufmerksamkeit erregt. Um sich zu vergewissern, dass preußische Untertanen in Kanada nicht notleidend wurden und womöglich auf preußische Kosten wieder heimgeführt werden mussten, erkundigte sich die preußische Regierung ab und zu über die Bedingungen des kanadischen Einwanderungsprogramms. So informierte die preußische Botschaft in London im März 1863 den preußischen Außenminister in Berlin in einem 12 Seiten langen Konsularbericht[72] über die *Free Land Grants* im Ottawatal. Der Bericht bestand jedoch hauptsächlich aus einer deutschen Übersetzung der kanadischen Regelungen über die *Free Land Grants* und den Ankauf von *Crown Lands*.

Bisher ist dem Autor nichts bekannt geworden über eine starke Opposition gegen das kanadische Einwanderungsprogramm, so lange sich die Agenten an die preußischen Gesetze hielten. Sollten die preußischen Behörden Wagner irgendwie gehindert haben, hat er davon nichts berichtet, jedenfalls nicht in den bisher gefundenen Dokumenten. Hätte Preußen die Auswanderung verhindern wollen, wäre es in diesem immerhin autoritären Staat sehr einfach gewesen. Während anzunehmen ist, dass die Großgrundbesitzer, unter denen viele politisch einflussreiche Adlige („Junker") waren, einer Massenauswanderung und einem dadurch entstehenden Arbeitermangel ablehnend ge-

[72] SO (02).

genüber standen, ist es auch möglich, dass es in den von der Auswanderung am meisten betroffenen Gebieten sehr viele Familien gab, die den Gutsherren womöglich sogar als „überflüssig" erschienen. Das ist jedoch Spekulation. Es gibt auch keine konkreten Hinweise dafür, dass die preußische Regierung befürchtete, zu viele junge Männer im militärpflichtigen Alter zu verlieren. Vielleicht war die Auswanderung aus Preußen insgesamt - und ganz besonders die Auswanderung nach Kanada - in den 1860er Jahren wirklich keine sehr besorgniserregende Entwicklung. Weitere Forschungen in deutschen Archiven dürften zum Thema Auswanderung aus Preußen reichliches Material liefern.

Dem Autor ist es im Rahmen seiner in den 1980er Jahren durchgeführten Forschung nicht gelungen, Auswanderungszahlen für die preußischen Provinzen in den 1850er und 1860er Jahren zu finden. Wehrmann (1916)[73] schrieb, dass die Auswanderung aus Pommern erst zwischen 1880 und 1885 mit 95.000 - mehr als 7 % der Bevölkerung dieser Provinz - den Höhepunkt erreichte.

Der Verdacht liegt auch nahe - obwohl der Autor dokumentarische Beweise dafür weder suchte noch fand -, dass man in der preußischen Regierung gar nicht abgeneigt war, Angehörige der slawischen Minderheiten - Kaschuben aus Pommern und Westpreußen sowie Wenden aus der Niederlausitz - loszuwerden. Sowohl im Königreich Preußen als auch später im Kaiserreich gab es Bestrebungen und Maßnahmen zur „Germanisierung", die oft zur Benachteiligung und Diskriminierung der Kaschuben führten.[74]

Der Autor entdeckte erst vor kurzem eine wichtige wissenschaftliche Arbeit des deutschen Historikers Wilhelm Mönckmeier, die ihm früher nicht bekannt war: „Die deutsche überseeische Auswanderung" (ursprünglich 1912 im Fischer-Verlag, Jena, erschienen und 2012 im Salzwasser-Verlag, Paderborn nachgedruckt). Seine Arbeit befasst sich eingehend mit der deutschen Auswanderung zwischen dem 17. Jahrhundert und der späten Kaiserzeit.

---

[73] Wehrmann, M.

[74] https://ome-lexikon.uni-oldenburg.de/regionen/kaschubei/. Abgerufen: Juni 2018.

Mönckmeier nannte Kanada ein „verhältnismäßig unbedeutendes Auswanderungsland", das schon deshalb nicht zu empfehlen sei, weil seine Landschaften „mit dem Inneren von Russland vergleichbar sind" und das auch besonders im Vergleich mit den USA wirtschaftliche Nachteile für deutsche Auswanderer bedeute. Überhaupt erkannte er, die deutsche Auswanderung sei zum Ende des 19. und Anfang des 20. Jahrhunderts stark rückläufig gewesen. Seine zahlreichen Tabellen und Aufstellungen enthalten viele Hinweise, die nicht nur für die Geschichte der Auswanderung nach Nordamerika allgemein von großem Interesse sind. So stellte er "Bilanzrechnungen" auf (S. 17-18), die absolute Auswandererzahlen sowie nach deutschen Herkunftsgebieten und Bestimmungsländern und nach amerikanischen Bundesstaaten und „englischen Kolonien" aufgeschlüsselte Zahlen enthalten. Auch die Zusammensetzung der Auswanderer nach Berufen und Familienstand, nach Abreise- und Ankunftshäfen wurde akribisch untersucht. Mönckmeier beschrieb die offensichtliche „Verschiebung des Auswanderungsschwerpunkts" vom Südwesten und Westen zum Norden und Nordosten Deutschlands (S. 190 ff.). Eine Tabelle zeigt den starken Rückgang der Einwanderung in die USA während des Amerikanischen Bürgerkriegs, aber nicht den gleichzeitigen Anstieg in die Provinz Canada, der für die deutsche Auswanderung ins Ottawatal maßgebend war. Er erläuterte die Auswirkungen der Auswanderung auf Deutschland und seine Bevölkerung (S. 174), maß ihr aber keine zu große Bedeutung bei, da die Verluste mehr oder weniger durch Einwanderung aus Nachbarländern ausgeglichen wurden. Der Autor konnte keine Erwähnung des Ottawatals feststellen.

Den Durchschnittsbewohnern Deutschlands im mittleren 19. Jahrhundert dürfte Kanada ein weitgehend unbekannter Begriff gewesen sein. Dass es aber darüber hinaus auch nicht an negativen Informationen mangelte, beweist ein Bericht in der in Rudolstadt im August 1865 erscheinenden „Allgemeinen Auswanderungszeitung"[75], in dem es hieß, in Kanada sei es so kalt, dass das menschliche Blut nicht mehr zirkulieren kann und dass sogar das Quecksilber (im Thermome-

[75] https://zs.thulb.uni-jena.de/receive/jportal_jpjournal_00000025. Abgerufen im Januar 2019,

ter) gefriert. (Zitiert von Jonathan Wagner, S. 27). Übrigens veröffentlichte dieselbe Zeitung auch mehrere Berichte über die Unzufriedenheit von Einwanderern mit der Arbeit des kanadischen Einwanderungsagenten in Quebec, William Sinn. Dazu gehörten Beschuldigungen, er würde seine Stellung als Buchanans Assistent dazu ausnutzen, Bahnfahrkarten zu überhöhten Preisen zu verkaufen. Nachdem Buchanan Sinn verteidigt und die Beschuldigungen als unberechtigt zurückgewiesen hatte, schrieb die Deutsche Auswandererzeitung in Bremen, Sinn habe ein „offizielles Gütesiegel von den Konsuln der Hansestädte, von Belgien und Preußen erhalten" (J. Wagner, S. 43).

6 Die lange Reise

Aus kanadischer Sicht wurde die Einwanderung durch zwei große Problemkomplexe gehemmt. Erstens gab es seit langer Zeit eine ständige starke Anziehungskraft der USA als Hauptempfänger europäischer Auswanderer und damit auch als neue Heimat bereits „drüben" ansässiger Europäer, die ihre Freunde, Nachbarn und Verwandten nachholten. Zweitens waren die amerikanischen Häfen - besonders New York - der Hauptlandeplatz für Passagiere, die eigentlich nach Kanada auswandern wollten. So konnten sich kanadische Einwanderungsagenten in Deutschland anstrengen wie sie wollten, Siedler für Kanada anzuwerben. Wenn die Menschen ihr Schiff in New York verließen, blieben sie oft in den Vereinigten Staaten. Auswanderer mussten also überredet werden, ihre Passage über den viel kleineren und noch weitgehend unbekannten Hafen von Quebec zu buchen, damit sie auch tatsächlich Kanada erreichten. Erst Mitte des 19. Jahrhunderts kam die kanadische Regierung auf die Idee, den Hafen von Quebec auch für Einwanderer zu empfehlen, die in die „westlichen US-Bundesstaaten" wollten. (Damit waren damals hauptsächlich Michigan und Wisconsin gemeint).

Erst ab 1856 bestanden die kanadischen Behörden zunehmend darauf, dass Einwanderer nach Kanada über Quebec einreisen mussten. Bis dahin waren fast alle in New York gelandet. Zwar kostete die Überfahrt ab Hamburg oder Bremen/Bremerhaven ebenso viel nach Quebec wie nach New York, aber die Verbindungen mit dem US-Hafen waren bedeutend besser: Es bestand ein regelmäßiger Linienverkehr. Außerdem war der Name New York allen geläufig, während nur sehr wenig Leute in Deutschland jemals den Namen Quebec gehört hatten, abgesehen davon, dass selbst Kanada in den deutschen Ländern buchstäblich noch *terra incognita* war.

P. Hessel, *Ziel: Ottawa Valley*, https://doi.org/10.1007/978-3-658-31571-9_7

Kanadische Einwanderungsagenten hatten aber drei Vorteile. Sie konnten die potenziellen Einwanderer davon überzeugen, dass erstens die Schiffsreise nach Quebec nicht mehr kostete als die nach New York. Zweitens kostete das Gepäck nach New York 50 Cent pro 100 Pfund, während Einwanderergepäck nach Quebec umsonst befördert wurde. Die kanadischen Agenten erzählten auch Geschichten über Gepäck, das in New York angeblich häufig verloren ging, und dass die US-Polizei sich nicht darum kümmern würde, „da die amerikanischen Gesetze dafür keinen Schutz gewähren". Drittens war die Bahnfahrt von New York nach Ottawa sehr teuer.

Abbildung 28: Einschiffung von Auswanderern in Hamburg, ca. 1865. Passagiere wurden von einem kleinen Hafendampfer auf einen Segeldampfer (Dampfschiff mit Besegelung) umgeladen. Im Ausschnitt: Untersuchung von Passagieren und Gepäck vor der Einschiffung. Nach einer Zeichnung von C. Schildt. Foto: Staatsarchiv Hamburg.

Abbildung 29: Der Hafen von Hamburg, ca. 1860. Nach einer Zeichnung von Robert Geisler. Foto: Staatsarchiv Hamburg.

Als weiteren Grund für die angebliche Unbeliebtheit Kanadas hatte man die Tatsache betont, dass Kanada pro Einwanderer einen Dollar Steuern erhob. Diese Steuer wurde aufgehoben, nachdem die kanadischen Agenten in Europa nicht genügend Einwanderer auftreiben konnten. Schon 1856 sagte ein Mitglied der kanadischen Kolonialregierung, es sei „*impolitic*" (unklug), Einwanderer zu besteuern. Er schlug vor, stattdessen eine Prämie zu zahlen, denn „Einwanderung ist die Lebensader des Landes, und jeder fleißige Einwanderer trägt zu unserem Wohlstand bei".[76]

Das 1861 von Wagner verfasste Handbuch für Einwanderer liefert die beste Auskunft darüber, auf welchem Weg die deutschen Auswanderer aus den preußischen Ostprovinzen ins Ottawatal gelangten. Manche sind auch von dieser Route abgewichen und über New York gekommen. Es wurde sogar bekannt, dass Einwanderer von Hamburg

[76] AG 2392 (13).

aus über Liverpool nach New York oder Quebec gekommen sind. Aber die Mehrzahl folgte der von Wagner angegebenen Route.

Nachdem sie einen Vertrag mit einem deutschen Auswanderungsagenten wie dem 1858 von Sinn erwähnten C. Eisenstein in Berlin oder später mit dem kanadischen Einwanderungsagenten William Wagner unterschrieben hatten, fuhren die Auswanderer mit der Bahn aus ihrer Heimat in einen der beiden wichtigsten deutschen Häfen: Hamburg oder Bremen/Bremerhaven. Wenn sie Wagners Rat befolgten, belasteten sie sich nicht mit Möbeln und anderen schweren oder großräumigen Gegenständen, nahmen aber einen guten Vorrat an Bettwäsche, Unterwäsche und Wollsachen, warmer Kleidung, Schuhen und Stiefeln mit. Sie mussten das Hab und Gut in ihrem Gepäck auf einer Liste verzeichnen, um auf die kanadischen Zoll- und Einwanderungsbehörden in Quebec vorbereitet zu sein. Alle Truhen, Kästen, Koffer usw. mussten mit „Quebec" und „Ottawa" markiert sein. Alles andere Eigentum wurde verkauft oder an Verwandte, Bekannte und Nachbarn verschenkt. Gewiss flossen beim Abschied von der Heimat und auf der Reise ins Unbekannte reichlich Tränen.

Die Verpflegung auf den deutschen Segelschiffen hatte den Ruf, gut und reichlich zu sein. Jakob Teuscher[77] schrieb 1854, dass Schiffe auf der Linie Bremen-Quebec Vorräte für 13 Wochen an Bord hatten. Er zählte auf, dass für jeden Passagier (außer Säuglingen) folgende Mengen zur Verfügung standen: $32^{1/2}$ Pfund Fleisch, 13 Pfund Speck, 64 Pfund Brot, 25 Pfund Sauerkraut, 5 Pfund Butter, $1^{1/2}$ Pfund Sirup, $1^{1/2}$ Pfund Kaffee, $1^{1/4}$ Pfund Tee, $1^{1/2}$ Pfund Zichorie, 2 Liter Essig sowie „reichlich" Mehl, Hülsenfrüchte, Reis, Gerste, Kartoffeln, Zucker, Hafermehl, Wasser, Öl, Holz, Kohle, Medizin usw. Laut Teuscher führten Schiffe auf der Linie Hamburg-Quebec ähnliche Mengen mit, aber für Kinder zwischen 1 und 8 Jahren wurden nur halbe Portionen berechnet.

Trotzdem wurde den Passagieren nahegelegt, zusätzliche Lebensmittel mitzunehmen. So sollte eine vierköpfige Familie 20 Pfund Mehl, einen Topf mit frischer Butter, einige Laibe Brot, 5-7 Pfund

---

[77] Teuscher, J.

Zucker, einen kleinen Vorrat an Seife, Pfeffer und Salz, Ingwer, einige Flaschen Rum, Äpfel und Milchkonserven für Kinder mit an Bord nehmen.

Die meisten Einwanderer buchten die Überfahrt im Zwischendeck, obwohl sich manche auch Kabinen leisten konnten. Laut Teuscher betrug der Durchschnittspreis pro Person im Zwischendeck von Hamburg nach Quebec 26 bis 30 US-Dollar (alle Preise galten einschließlich Verpflegung), während eine Kabine zwischen 70 und 80 Dollar pro erwachsene Person kostete. Das Zwischendeck (Englisch: Steerage) lag zwischen dem Hauptdeck und dem Schiffsboden; es bot den Fahrgästen keinen Komfort, kostete aber bedeutend weniger als eine Kabine.

Abbildung 30: Zwischendeck. https://www.pictokon.net/bilder/08-bilder/bilder-19-jahrhundert-1849-11-10-europaeische-auswanderer-nach-amerika-enges-zwischendeck.html. Abgerufen: August 2018.

Der älteste Überfahrtvertrag für einen deutschen Einwanderer ins Ottawatal, den der Autor gesehen hat, stammte von 1896.[78] Aber bei einer Suche im Staatsarchiv Hamburg könnte man vielleicht auch Verträge aus den 1850er und 60er Jahren finden. Es wäre interessant, die damaligen Beförderungsbedingungen zu lesen.

Es gibt in Deutschland mehrere Sammlungen von Auswandererbriefen, die auch Briefe aus Kanada und vielleicht sogar aus dem Ottawatal enthalten könnten. Die Website *http://www.auswanderer briefe.de/presse.html* gibt über diese Sammlungen Auskunft. Die folgenden beiden Zitate entstammen dieser Website (Abgerufen: Juni 2018):

> „Deutsche Historiker haben die Massenbewegung der sechs Millionen Deutschen nach Nordamerika im 19. Jahrhundert erst sehr spät zu erforschen begonnen. Einfache Menschen waren kein ehrbarer Forschungsgegenstand. Lange sah man Auswanderer als vaterlandslose Gesellen, deren Verlust die Macht des Reiches schwächte, und während Auswanderung und Auslandsdeutsche als Untersuchungsgegenstand in den 1930er Jahren Hochkonjunktur hatten, waren sie als Forschungsgebiet gerade deshalb bis in die 1970er Jahre als nationalistisch wenn nicht nazistisch diskreditiert und fast tabu.
> „Mit dem Projekt 'Amerikabriefe in den Neuen Ländern' soll diese Lücke geschlossen werden. Prof. Dr. Ursula Lehmkuhl vom John F. Kennedy-Institut der FU Berlin bemüht sich um die Sicherstellung, Erschließung und Auswertung von Briefen ostdeutscher Auswanderer in den USA und Kanada im 19. und 20. Jahrhundert. Sie arbeitet eng mit dem Initiator der Bochumer Briefesammlung und amerikanischen Kollegen zusammen und wird von der Forschungsbibliothek Gotha, die die Bochumer Auswandererbrief-Sammlung beherbergt und pflegt, unterstützt. Ein wesentliches Ziel des Projektes ist es, die Voraussetzungen dafür zu schaffen, dass die erfolgreiche Bochumer Briefesammlung über ihre BRD-Zentriertheit hinsichtlich Sammelgebiet und Briefbestand hinaus wächst, durch Dokumente aus den Neuen Ländern ergänzt wird und sich damit zu einer gesamtdeutschen Auswandererbrief-Sammlung entwickelt."

[78] Zwischendeck-Überfahrtvertrag der Hansa-Linie, Hamburg, für Frau A. Verch und Familie, die 1896 in Eganville ankamen.

Als die kanadische Ausgabe dieses Buches im Jahre 1984 herauskam, hatte der Autor gesammelte Unterlagen zur Auswanderung ins Ottawatal, die er vor vielen Jahren dem kanadischen Bundesarchiv (heute: *Library and Archives Canada*) zur Verfügung gestellt hat. Diese Sammlung kann unter Nr. R9307-0-9 eingesehen werden. Darin befindet sich der Brief eines deutschen Auswanderers, der einen für die meisten Passagiere sehr wesentlichen Teil der Überfahrt äußerst bildlich beschreibt:

> „Die Seekrankheit wird allgemein, ebenso die Schweinerei durch unaufhörliches Kotzen und Speien wo man nur geht und sieht. Dazu dieser abscheuliche Geruch und Broddel im Zwischendeck, welches bei diesen dicht gedrängten Massen buchstäblich einem Schweinestall gleicht..."

In derselben Sammlung befindet sich jedoch auch ein Brief, der zum Ausdruck brachte, dass es an Bord nicht immer nur „abscheulich" zuging:

> „Einige Hundert liegen kreuz und quer wie Leichen im steten Kampf mit dem Würgeengel, 7-10 Ziehharmonikas spielen, ebenso viele Gruppen tanzen, singen, spazieren, treiben dumme Witze... Das Klappern der vielen blechernen Essgeschirre, Umfallen und Zerbrechen von Flaschen, Wiederholung von Speien nebst anderen undelicaten Auftritten gewürzt mit obligatem Kindergeschrei, Jammern, Fluchen, Zanken, Singen, Lachen brachte mir die Meinung von einem Hexensabbath ..."

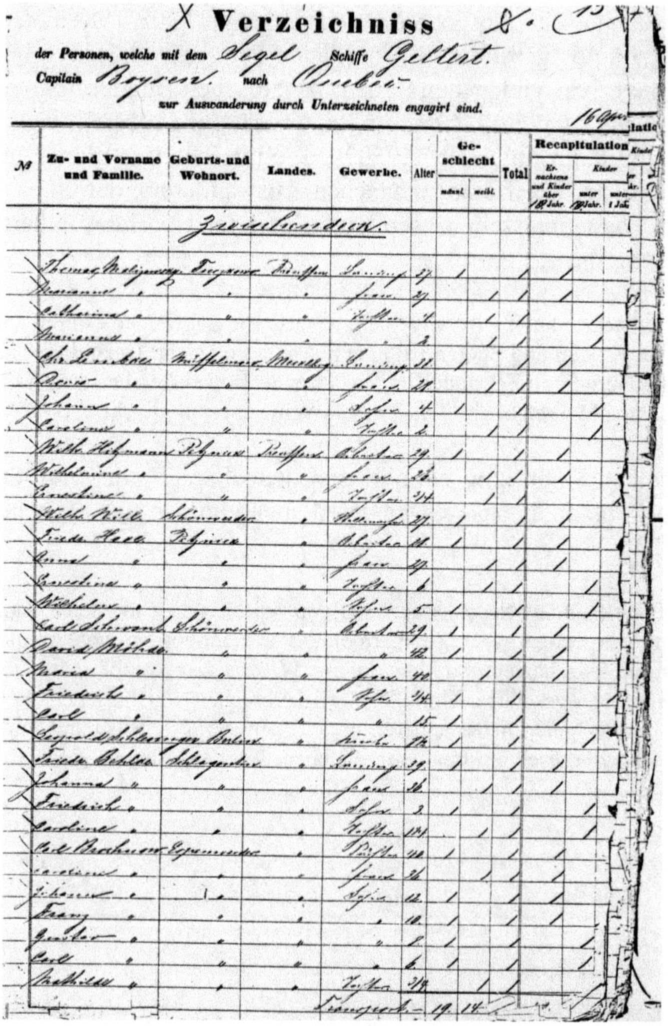

Verzeichniss

der Personen, welche mit dem Segel Schiffe Gellert.
Capitain Boysen. nach Quebec
zur Auswanderung durch Unterzeichneten engagirt sind.

№	Zu- und Vorname und Familie.	Geburts- und Wohnort.	Landes.	Gewerbe.	Alter	Geschlecht männl.	Geschlecht weibl.	Total	Recapitulation Erwachsene und Kinder über 12 Jahr.	Kinder unter 12 Jahr.	Kinder unter 1 Jahr.

Zwischendeck.

Transport 19. 14.

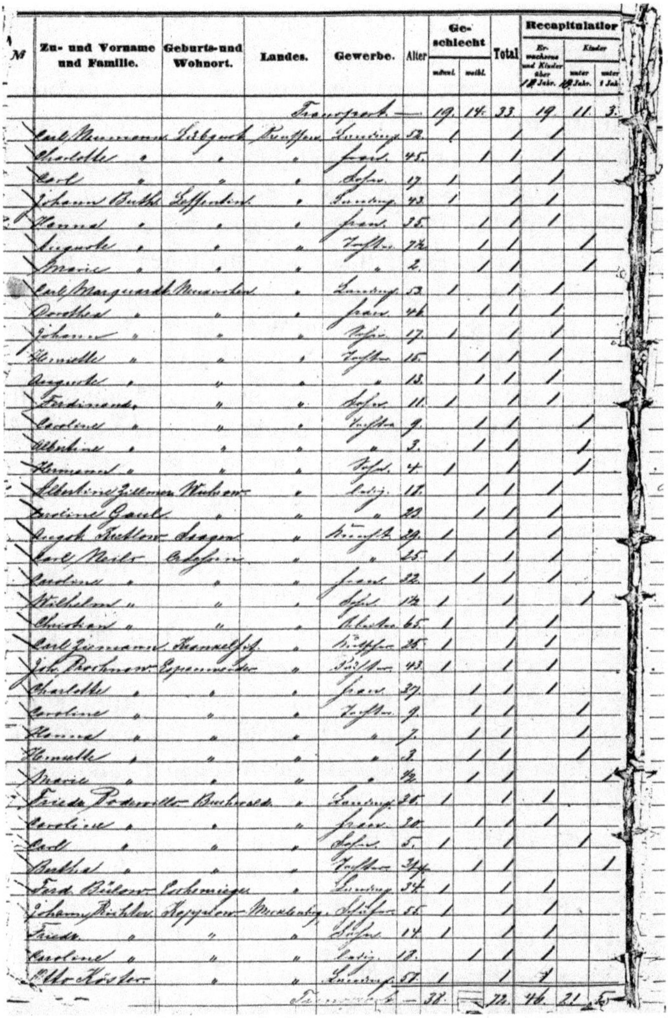

Abbildung 31: Teil der Passagierliste des Auswandererschiffes Copernicus unter Kapitän Dahl. Das Segelschiff verließ Hamburg am 1. April 1858 mit 106 Passagieren und kam in Quebec am 13. Mai an. Nur wenige Familien zogen ins Ottawatal. Die meisten waren für das heutige Südontario oder die Vereinigten Staaten bestimmt. Staatsarchiv Hamburg.

Das Buch *Aus der Frühzeit des Nordatlantikverkehrs* von Hermann Wätjen (Leipzig, 1932) ist eine wahre Schatztruhe, die hervorragende detaillierte Schilderungen über die Zustände in den Auswanderungshäfen Hamburg und Bremen/Bremerhaven sowie auf den Auswandererschiffen im 19. Jahrhundert enthält. Überhaupt gibt das 2. Kapitel des Buches (mit den Abschnitten 1. Die Auswanderung, 2. Die Auswandererschiffe, und 3. Die Ankunft der deutschen Auswanderer in der Neuen Welt) wertvolle zeitnahe Informationen für alle, die sich für die deutsche Auswanderung im 19. Jahrhundert interessieren. Obwohl Kanada nicht gesondert erwähnt wird, gelten die Schilderungen auch für die Auswanderer, die nach Quebec fuhren.

So erfahren wir auf Seite 135 ff. über die Zustände auf einem Hamburger Segelschiff : „...überdies morgens und abends Kaffee oder Tee, Schiffshartbrot und Süßwasser. Um sie gegen die Anfechtungen des Tages gefeit zu machen, ward den Männern in der Frühe ein Schnaps kredenzt."

Wätjen berichtet ausführlich über die scharfe Konkurrenz zwischen den Häfen Hamburg und Bremerhaven. Beide waren um so viele Auswanderer wie möglich bemüht und versuchten, sich gegenseitig in dem äußerst ertragreichen Geschäft mit der Auswanderung zu überflügeln: „Wenn sich die Bremer rühmten, ihre Schiffe reichlicher zu verproviantieren als die Konkurrenz es täte, so betonten die Hamburger, daß bei ihnen mehr Wert auf die Qualität gelegt, und keinem Passagier amerikanisches, sondern nur in Hamburg oder Altona eingeschlachtetes Fleisch vorgesetzt würde." (S. 135)

Hamburg sowie Bremerhaven „richteten Inspektionen ein und übertrugen erprobten Fachleuten, meist 4 bis 5 altgedienten Kapitänen, die Inspizierung der im Hafen segelfertig liegenden Auswandererfahrzeuge... die 'Besichtiger' mussten die Tauglichkeit des Schiffes prüfen, alle Räumlichkeiten in Augenschein nehmen, das Zwischendeck ausmessen, die Zahl der mitzunehmenden Passagiere festsetzen und darauf achten, daß die Anordnung der Schlafplätze den Vorschriften entsprach. Um Überfüllungen zu verhüten, lautete für hanseatische Segler die Ordre: 'Pro 2 englische Schiffstonnen ein Passagier!' Mindestens 6 Fuß hoch musste das Zwischendeck, wenigstens $1^{1/2}$ Zoll dick mussten die es umkleidenden Holzwände sein, und selbst auf großen deutschen Schiffen war es verboten, mehr als 2 Kojen übereinander anzubringen. Jede Koje sollte 6 Fuß lang, 18 Zoll breit und das untere Bett 4 Zoll vom Fußboden entfernt sein. Durch verschließbare Lattenverschläge wurden die Geschlechter voneinander getrennt, und nur bei Ehepaaren oder Familien mit kleinen Kindern waren Ausnahmen erlaubt." (S. 133-134)

„Stramme Disziplin herrschte an Bord der meisten Transportschiffe, und Gnade Gott dem Passagier, der sich ihr nicht gutwillig fügte!" Den Passagieren wurde genau vorgeschrieben, wann sie morgens aufzustehen hatten, wann sie sich „an denkbar primitiven Waschbecken körperlich säubern" mussten. Außerdem hatten sie Betten zu machen, die Schlafräume und Waschgelegenheiten zu reinigen und „das Nachtgeschirr und die Klosette reinzuhalten". Erst wenn diese Arbeiten erledigt waren, durften sie das Frühstück holen (S. 139).

Es gibt keine vollständige Liste der Schiffe, die deutsche Einwanderer in den 1850er und 1860er Jahren - als die meisten für das Ottawatal bestimmten Deutschen ankamen - nach Quebec gebracht haben. Die kanadischen Hafenbehörden verzeichneten die Namen der Schiffe und ihrer Kapitäne, den Ausgangshafen und das Abfahrtsdatum, die Anzahl und Staatsangehörigkeit, aber nicht die Namen der Passagiere. Manchmal gaben sie an, wie viele in welche Gegend reisen wollten. Die Hamburger Listen verzeichneten hingegen auch die Namen und Berufe (Gewerbe) der Passagiere, ihr Alter und Geschlecht, ihre Herkunftsorte und -länder, die Namen ihrer Angehörigen, aber nicht die Reiseziele. So wissen wir zum Beispiel, dass die S.S. Gellert Franklin am 16. Juli 1858 mit einer Ladung deutscher Einwanderer (Anhang B) aus Hamburg nach Quebec segelte. Wir wissen jedoch nicht, welche dieser Familien ins Ottawatal kamen. Wir kennen alle Namen und wissen, dass manche dieser Leute ins Ottawatal gekommen sind. Wir wissen aber nicht, welche Familien oder Einzelpersonen ins Ottawatal und welche nach Berlin (seit dem 1. Weltkrieg Kitchener genannt) und den benachbarten Bezirk Waterloo, oder in die „westlichen" Staaten der USA weiter reisten.

Ein Versuch des Autors, einen Zusammenhang zwischen den Hamburger Auswandererlisten im Staatsarchiv Hamburg (Auftragsbuch Nr. 573/81, Mikrofilm)[79] und William Sinns Liste der 95 Familien festzustellen, blieb erfolglos. Die Leute auf Sinns Liste mögen Deutschland aus dem Hafen von Bremen/Bremerhaven verlassen haben oder über New York eingereist sein. Sinns Liste enthält jedoch viele Familiennamen, die auf den Seiten der Zeitung „Deutsche Post" zwischen 1904 und 1916 erschienen. Viele der in Arnprior und Pembroke veröffentlichten Namen stehen auch in frühen Kirchenregistern, Wählerlisten[80], Verzeichnissen usw. Man muss bedenken, dass Sinns Liste nicht vollständig war und nur Siedler beinhaltete, die im Herbst 1860 bereits ihr Land in Besitz genommen hatten.

Leider sind die Passagierlisten von Bremen/Bremerhaven im Jahre 1875 vernichtet worden.[81]. Der Autor konnte diese traurige Tatsache auch im Staatsarchiv Bremen bestätigen: *http://www.passagierlisten.de/*. Abgerufen: August 2018.

> „Im Jahre 1875 erklärte die Bremer Behörde für das Auswanderungswesen ihr Einverständnis mit der Vernichtung der Passagierlisten bis auf die der letzten drei Jahre. Dies geschah wegen Raummangels im Archiv und wurde bis 1907 so durchgeführt."

So konnten auch die Namen der 25 Familien an Bord der S.S. Heinrich[82], die definitiv ins Ottawatal kamen, nicht dokumentiert werden. Laut Korrespondenz des Autors mit dem Staatsarchiv Hamburg könnten jedoch eventuell in den „Archivunterlagen über die Auswanderung nach Kanada" noch weitere Mikrofilme von Passagierlisten - zusätzlich zu denen in Auftragsbuch 573/81 - entdeckt werden.

---

79 SO (03).
80 SO (01).
81 Hecht,W. Zur Dokumentation kommunaler Auswanderungsprojekte des 19. Jahrhunderts in Südwestdeutschland.
82 AG 2392 (15).

Abbildung 32: Segelschiffe im Hafen von Quebec, ca. 1863.
Foto: *Library and Archives Canada*. C8425.

Abbildung 33: Point Lévis (gegenüber der Stadt und Festung Quebec). Hier legten die Segelschiffe mit deutschen Einwanderern nach einer Seereise von 6 bis 7 Wochen an.
Foto. *Library and Archives Canada*. PA-51724.

Ebenfalls in Jakob Teuschers Buch finden wir eine deutsche Übersetzung der „*Notice for German Immigrants*" vom 1. Juni 1853. Darin wird Einwanderern empfohlen, sich bei der Ankunft in Quebec an den Agenten Sinn zu wenden. Das Ottawatal war zu dem Zeitpunkt noch kein Aufnahmegebiet für deutsche Einwanderer. Dieses Dokument nannte weder Ottawa noch die Region Ottawa als Bestimmungsort. Es wurde von W.A.C. Buchanan, „Chief Agent, Hunt's Wharf, Quebec" unterschrieben.

Im 19. Jahrhundert gehörte der Hafen von Quebec „zu den wichtigsten Einwanderungshäfen der Welt". Im Jahre 1863 wurden hier mehr als 1600 Schiffe abgefertigt, auf denen insgesamt fast 25.000 Matrosen gedient haben sollen. [83]

Der Autor hat bisher vergeblich versucht, festzustellen, ob sich das Einwanderungsbüro „im Hafen von Quebec", wo u.a. William Sinn tätig war, tatsächlich in der Stadt Quebec (also Hunt's Wharf am Nordufer des Sankt-Lorenz-Stroms) oder gegenüber in Point Lévis am Südufer befand. J. Wagner (S. 42) erwähnt, Sinns Büro in Quebec sei am „Gibb's Wharf" gewesen, ohne jedoch zu nennen, auf welcher Seite des Stromes diese Kaje gelegen hat.

Es scheint, dass die deutschen Einwandererschiffe zumeist in Point Lévis anlegten, wo sich seit 1855 auch die Bahnverbindung der *Grand Trunk Railway* befand. Es wäre wenig sinnvoll gewesen, das Einwanderungsbüro so weit von der eigentlichen Landungsstelle der Schiffe entfernt zu haben. Es ist aber auch möglich, dass Schiffe aus anderen Ländern auf der Stadtseite des Stromes anlegten.

Im Einwanderungsbericht von 1858 aus Ottawa schrieb der örtliche Agent, dass Einwanderer von Quebec aus per Bahn und Dampfschiff nach Montreal und dann nach Prescott (am Sankt-Lorenz-Strom südwestlich von Ottawa) und von dort aus wieder per Bahn nach Ottawa reisten. Die *Ottawa-Prescott Railway* war die einzige Bahnverbindung zwischen Ottawa und dem Rest der Welt. Ottawa und Montreal wurden erst 1879 durch eine Bahnlinie miteinander verbunden.

[83] Vineberg, Robert.

Beim schlimmsten Eisenbahnunglück in der Geschichte Kanadas am 29. Juni 1864 fuhr ein mit 354 bis 400 „deutschen und polnischen“ Einwanderern beladener Zug zwischen Point Lévis und Montreal durch eine offene Drehbrücke bei St. Hilaire und stürzte in den Richelieu River. Insgesamt starben 99 Menschen, und „die meisten davon waren deutsche Einwanderer“.

Abbildung 34: Eisenbahnunglück vom 29.6.1864. [84]

[84] https://en.wikipedia.org/wiki/St-Hilaire_train_disaster. Abgerufen: August 2018.

Die Reise von Point Levis (Quebec) nach Ottawa kostete 3,50 Dollar pro Person (Kinder konnten umsonst mitreisen). Wagner schrieb, die Fahrt würde „etwas länger als einen Tag dauern, je nachdem, wann der Zug abfährt". Das heißt, die Reise nahm mehr als 24 Stunden in Anspruch, denn in einer Beschreibung aus dem Jahr 1865 über die Ottawa-Prescott Railway steht:

> „... Die Bahn war in sehr schlechtem Zustand. Sie erreichte eine Höchstgeschwindigkeit von 9 Meilen (ca. 14 km) die Stunde. Auf manchen Strecken ... sprangen Kinder auf die Trittbretter, um den Passagieren Beeren zu verkaufen. Man konnte der Bahn überall signalisieren, sie solle anhalten, sogar mitten im Wald, indem man einfach an einer Leine zog."

In Ottawa wurden die Passagiere vom örtlichen Einwanderungsagenten empfangen, der sich weiter um sie kümmerte. Sein Büro war in der „Innenstadt". Manche Einwanderer blieben in Ottawa und suchten sich einen Arbeitsplatz, aber die meisten fuhren weiter nach Westen per Dampfschiff auf dem Ottawa, an der Kleinstadt Arnprior vorbei bis an die Anlegestelle *Farrell's Landing* im Landkreis *Horton* (im Bezirk Renfrew). Die Einwanderer mussten ihr Gepäck im Laden nahe der Anlegestelle lassen und zu Fuß etwa $2^{1/2}$ Stunden lang bis zum ersten deutschen Farmer zurücklegen, der ihnen eine Karre und ein Ochsengespann lieh, damit sie ihr Gepäck abholen konnten.

Abbildung 35: Hier begann damals die *Opeongo Road*: *Farrell's Landing* unweit des heutigen Fleckens Castleford. Von hier aus ging es zu Fuß oder per Ochsenkarre weiter. Foto: Autor.

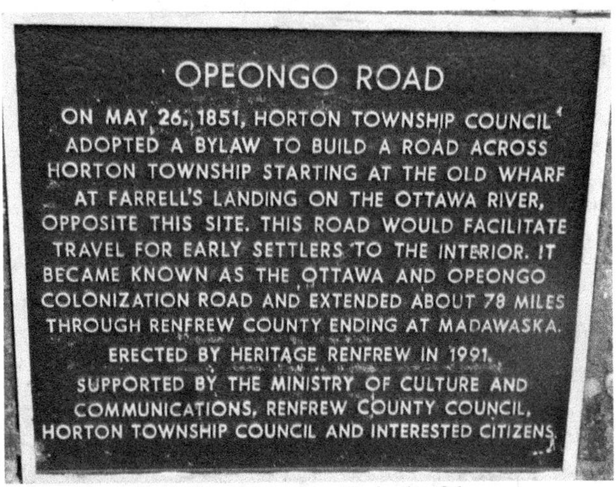

Abbildung 36: Text der 1991 errichteten Gedenktafel.

Übersetzung des Textes der alten Tafel

OPEONGO ROAD

Am 26. Mai 1851 fasste der Gemeinderat des Landkreises Horton den Beschluss, eine Straße quer durch den Landkreis zu bauen. Die Straße sollte an der alten Anlegestelle Farrell's Landing am Ottawa, gegenüber diesem Standort, anfangen. Sie sollte den frühen Siedlern ermöglichen, ins Landesinnere zu gelangen. Sie erhielt den Namen *Ottawa and Opeongo Colonization Road* und führte auf einer Länge von ca. 78 Meilen durch den Bezirk Renfrew bis nach Madawaska.

Die vom örtlichen heimatgeschichtlichen Verein erstellte Tafel lässt allerdings nicht erkennen, dass der Straßenbau keine nur vom Gemeinderat verordnete Maßnahme war, sondern dass ihr Bau von der Regierung der Kolonie Canada verordnet wurde, um den Bezirk Renfrew „zu bevölkern" und damit das schnelle Bevölkerungswachstum in den USA auszugleichen. Es bestand nämlich seit dem Krieg von 1812 immer noch die ständige Befürchtung, die USA könnten erneut versuchen, in Kanada einzudringen.

Deckblatt von French's „Information"

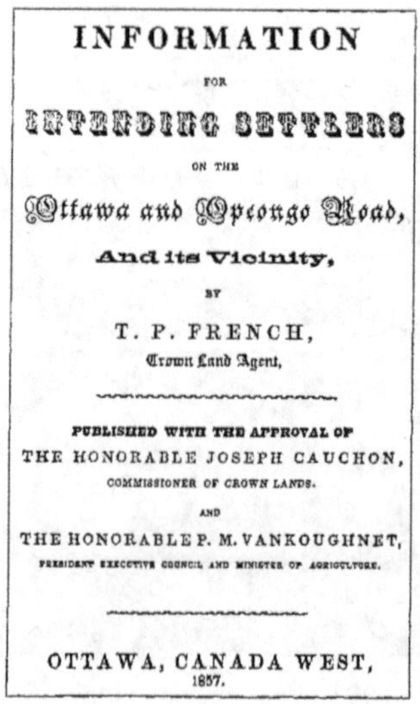

INFORMATION

FOR

INTENDING SETTLERS

ON THE

Ottawa and Opeongo Road,

And its Vicinity,

BY

T. P. FRENCH,

Crown Land Agent,

PUBLISHED WITH THE APPROVAL OF

THE HONORABLE JOSEPH CAUCHON,

COMMISSIONER OF CROWN LANDS.

AND

THE HONORABLE P. M. VANKOUGHNET,

PRESIDENT EXECUTIVE COUNCIL AND MINISTER OF AGRICULTURE.

OTTAWA, CANADA WEST,

1857.

Um ihr „freies Land" auszusuchen, mussten die Einwanderer weitere 25 km zu Fuß nach Mount St. Patrick zurücklegen, wo der *Crown Land Agent* T.P. French sein Büro hatte. Der kleine Flecken Mount St. Patrick ist weit abseits der *Opeongo Road* gelegen. Warum man den Neueinwanderern diese Strapazen gleich nach ihrer beschwerlichen Reise zumutete, ist heute schwer nachzuvollziehen. Von French erhielten sie jedenfalls die „*Location Tickets*" für ihr eigenes Stück Land.

Die „*Free Land Grants*" waren keine Geschenke ohne Auflagen. Die Bedingungen wurden nämlich wie folgt festgelegt:

> „...hundert *Acres* werden kostenlos an jeden 18 Jahre alten oder älteren Ansiedler abgegeben, der das Grundstück innerhalb eines Monats nach dem Datum dieses Antrags in Besitz nimmt, ein 18 x 20 Fuß (4,5 m x 6 m) großes Haus darauf errichtet, innerhalb von vier Jahren mindestens 12 *Acres* bestellt und diese Zeit über auf dem Grundstück wohnt. Wenn er diese Bedingungen erfüllt, erhält er das unbestreitbare Eigentumsrecht zu dem Land, wenn er aber versäumt, dies zu tun, wird es weiter verkauft oder an andere abgegeben."

In den 1980er Jahren erinnerten sich manche ältere Bewohner im Oberen Ottawatal daran, dass ihre Großeltern ihnen erzählten, wie es war, als sie in dieser Wildnis eintrafen.[85] Ein Beispiel:

> „Das allererste, das sie taten, als sie das Land zu Gesicht bekamen: Sie haben sich auf die Erde geworfen und geheult. Sie wollten weiter nichts als nach Hause zurückzukehren, aber niemand hatte das Geld dafür. So blieben sie und haben das Beste daraus gemacht."

Das Land, auf dem die Neuankömmlinge nun wohnen sollten, war auch von Mr. French in optimistischen Tönen beschrieben worden, nachdem Wagner den potenziellen Auswanderern schon in Deutschland ein rosiges Bild gemalt hatte. Die Version, mit der French glaubte, so viele europäische Siedler anlocken zu können wie möglich, lautete u.a.:

[85] Ward, Rev. Kenn. JU (06).

„Der Boden in diesem Teil der Provinz ist sandiger Lehm, an manchen Orten leicht, an anderen tief und reich. Die Gegend bietet einen ziemlich hügeligen Anblick, aber der größte Teil besteht aus sanft gewelltem und flachem Land. Nur wenige Hügel eignen sich nicht für die Feldbestellung, und merkwürdigerweise findet man häufig den besten Boden auf ihren Kuppen. Man trifft auch viele Felsen und Geröll an. Aber obwohl man nicht leugnen kann, dass sich Farmer oft darüber ärgern müssen, bilden sie keine so großen Hindernisse, dass sie die sachgemäße Bestellung der Felder oder hervorragende Ernten verhindern würden.[86]

Wer mit den schroffen Landformen im Hinterland des Bezirks Renfrew vertraut ist - d.h. typischen rauen Schildlandschaften - weiß, dass man hier gar nichts findet, das sanft gewellt und flach ist. Das Land, auf dem diese armen Menschen „farmen" sollten, war nicht nur felsig oder sumpfig. Der Mutterboden, wenn es überhaupt welchen gab, war äußerst spärlich. Es war immer unmöglich, den Boden - auch nach dem Roden des borealen Urwalds - noch im Frühjahr unter den Pflug zu bringen, denn es gab so gut wie keine Entwässerung nach der erst im April eintretenden Schneeschmelze. An vielen Stellen konnte man frühestens im Juni an irgendeine Art von Bestellung - auf kleinster Fläche - denken. Und unbarmherzige Mückenschwärme machten das Leben zur Hölle.

[86] Kennedy, C.C.

Abbildung 37: Die ganze Familie arbeitete, um das Land von Steinen und Geröll zu befreien, Foto: Autor.

Abbildung 38: Erinnerung an die deutschen Siedler. In der Nähe von Ladysmith (Bezirk Pontiac, Quebec). Foto: Autor.

7 Ansiedlung: „Sie haben das Beste daraus gemacht"

Dieses Buch befasst sich hauptsächlich mit den Gründen, aus denen Mitte des 19. Jahrhunderts Deutsche ins Ottawatal kamen, sowie mit dem Migrationsvorgang selbst. Weitere Studien sollten die Geschichte der deutschen Siedlungen im Bezirk Renfrew, im Bereich der Bundeshauptstadt Ottawa sowie in den Bezirken Labelle (früher Bezirk Ottawa genannt) und in Pontiac auf der Nordseite des Ottawatals - in der heutigen Provinz Quebec - gründlich untersuchen und dokumentieren.

Im Rahmen dieses Buches kann nur ein kurzer Überblick über die Siedlungsgeschichte erfolgen. Vor einer Betrachtung der direkten Einwanderung aus Deutschland, die 1857 begann, ist es interessant, festzustellen, dass auch eine - allerdings eher geringfügige - sekundäre Migration von Deutschen stattfand, in deren Rahmen frühere deutsche Einwanderer und deren Nachfahren aus der Gegend von Kitchener (dem damaligen Berlin) und aus dem benachbarten Bezirk Waterloo (im heutigen Südontario) ins Ottawatal abwanderten. Grund für diese sekundäre Migration war das Angebot der „*Free Land Grants*". Diese Leute waren von Sinn ins Ottawatal „geführt" worden. Sinn beabsichtigte, mehr Zuwanderer aus Südontario für das Ottawatal zu gewinnen, auch um deren Abwanderung in die Vereinigten Staaten zu verhindern. Im Februar 1859 schrieb er an William Hutton im Landwirtschaftsministerium:[87]

> „Wenn ich die Familien aus Upper Canada angesiedelt habe, beabsichtige ich, den Deutschen [wohl in Südontario?] anlässlich des 100. Geburtstags

[87] AG 2392 (02).

P. Hessel, *Ziel: Ottawa Valley*, https://doi.org/10.1007/978-3-658-31571-9_8

von [Friedrich] Schiller im November einen Vortrag über Kanada zu halten."

Im Dezember desselben Jahres schrieb Sinn in seinem Einwanderungsbericht für 1859 an W.A.C. Buchanan:[88]

„Die Abwanderung dieser äußerst wertvollen Leute aus Kanada wäre ein zu großer Verlust, und es wäre [ein Fehler], keinen Versuch zu unternehmen, das zu verhindern... Ich begann, ohne Anweisungen dafür zu haben und aus meiner eigenen Initiative..., im Hinterland [im Ottawatal] eine geeignete Gegend für ein neues Siedlungsgebiet zu finden und entschied mich für einen „*Tract*" von staatseigenem Land nahe Pembroke und Eganville im Bezirk Renfrew im Ottawa-Gebiet. Hier fand ich alle Vorteile, die tatkräftigen Männern mit Durchhaltevermögen zum Erfolg verhelfen würden, die zwar wenig Geld besitzen, aber für sich und ihre Familien eine angenehme Heimat aufbauen wollen.
„Nachdem ich dies in den deutschen Zeitungen in *Upper Canada* bekanntgegeben hatte, erhielt ich im Spätherbst 1858 schon 122 Anträge für den Kauf von ca. 13 000 Acres, zumeist aus dem Bezirk Waterloo. Trotz der zumeist entmutigenden Berichte und Unwahrheiten durch Spekulanten und sonstige Leute, die eine Besiedlung dieser Ländereien verhindern wollen, bezogen schon im Winter viele Familien dort ihre Grundstücke. Einige weitere führte ich Anfang Mai dort in den *Bush*."

Sinn fuhr fort und berichtete von den Fortschritten, die unmittelbar aus Deutschland kommende Einwanderer zu verzeichnen hatten:

„... sie leben in bequemen Blockhäusern[89]. Rings herum haben sie Beete mit Kartoffeln und anderen Gemüsearten angelegt. Durch das Gebüsch hört man ihre Kühe weiden, weil sie Glocken um den Hals tragen. Der Wald, der noch vor wenigen Monaten so einsam erschien, weist schon viele häuslich anmutende Stellen auf.

---

[88] AG 2392 (16).

[89] Das deutsche Wort „Blockhaus" geht auf eine irrtümliche Übersetzung des englischen Wortes „*log house*" zurück. „Log" ist das englische Wort für Baumstamm und hat nichts mit „Blocks" zu tun. Die Häuser wurden aus langen unbehauenen Rundhölzern, seltener aus Kanthölzern gebaut. Die Fugen wurden üblicherweise mit Moos abgedichtet. An den Ecken wurden die Stämme zumeist mit einer so genannten Schwalbenschwanzverbindung versehen. Viele dieser von deutschen Siedlern im Ottawatal gebauten Häuser, Scheunen und Stallgebäude stehen heute noch.

„Die Siedlungen sind bisher von Leuten angelegt worden, die sehr wenige Geldmittel mitgebracht haben, und viele von ihnen werden noch einige Jahre in Not[90] leben müssen; aber ihre Ausdauer, ihr Fleiß und ihre Anspruchslosigkeit wird sie allen Hindernissen zum Trotz zum Wohlstand und zur Unabhängigkeit führen."

Abbildung 39: Die im Blockhausstil erbaute Mundt-Farm bei Deacon unweit von Golden Lake (Bezirk Renfrew). Caroline Mundt kam 1866 als Kind aus Neuendorf, Kreis Greifswald. Friedrich Mundt stammte aus Bärwalde, Kreis Neustettin. Foto: Autor.

Abbildung 40: Scheune und Steinzaun, Germanicus (Bezirk Renfrew). Foto: Autor.

[90] Der Autor hörte im Ottawatal häufig das alte deutsche, das Einwanderschicksal beschreibende Sprichwort: „Den Ersten der Tod, den Zweiten die Not, den Dritten das Brot".

So bestanden die ersten deutschen Siedlungen im Ottawatal zum Teil aus Familien, die aus dem Bezirk Waterloo sowie - zwischen 1857 und 1859 - direkt aus Deutschland gekommen waren. Den offiziellen Berichten zufolge wurden 1858 „196 Deutsche" und 1859 „212 Deutsche und Polen" durch die Ottawa-Agentur vermittelt. Im Jahre 1860 sollen die Zahlen höher als in den beiden ersten Jahren, aber „ebenfalls enttäuschend niedrig" gewesen sein. Wäre 1861 nicht der Amerikanische Bürgerkrieg ausgebrochen, wäre vielleicht das gesamte Kolonisierungsprogramm für das Ottawatal zum Erliegen gekommen. Aber William Wagner arbeitete in Deutschland und wusste, die politische Situation in den USA auszunutzen. Plötzlich ließen sich nämlich die meisten deutschen Einwanderer, die normalerweise ihren Verwandten und ehemaligen Nachbarn in die US-Bundesstaaten Wisconsin, Michigan oder Illinois gefolgt wären, im Ottawatal nieder. Kanada konnte durchaus vom Amerikanischen Bürgerkrieg profitieren.

Zwischen 1861 und 1870 kamen schätzungsweise 4000 deutsche Einwanderer in den Bezirk Renfrew, 500 in den Bezirk Labelle und 200 in den Bezirk Pontiac (die beiden letzteren auf der Quebec-Seite des Flusses) und 150 in die Stadt Ottawa, also insgesamt ca. 4850 (siehe Tabelle 3).

Der vom neuen Agenten Wills verfasste jährliche Einwanderungsbericht für Ottawa 1862 gab an, dass in dem Jahr 774 Deutsche in Ottawa ankamen, und der *Chief Emigration Agent* Buchanan erklärte in seinem Jahresbericht:

> „Ich freue mich, mitteilen zu können, dass die deutsche Einwanderung jährlich zunimmt: Die 1863 Eingetroffenen überstiegen die im vorigen Jahr Angekommenen um 160 Seelen; die Meisten gingen nach Renfrew und Pembroke, um sich dort Bekannten anzuschließen, die sich bereits niedergelassen hatten. Der ständige Zuwachs dieser Klasse von Ausländern muss als überzeugender Beweis dafür gelten, dass sie von ihren Vorgängern ermutigende Berichte erhalten hatten... Die Deutschen im Ottawatal machen wie erwartet gute Fortschritte, im Gegensatz zu allen Berichten, die Anderes verkünden ..."

Auch der Einwanderungsbericht von 1865 bezeichnete die kritischen Stimmen als unzutreffend:

> „In Bezug auf die letzten Sommer im Umlauf befindlichen Berichte, es herrsche unter den in den *Landkreisen* hinter Pembroke befindlichen Deutschen Elend und Hungersnot... haben anschließende Untersuchungen gezeigt, dass es kein solches Elend gegeben hat. Im Gegenteil, die Bedingungen der deutschen Siedler stellten sich als höchst zufriedenstellend dar. Ein Beweis dafür ist, dass sich die Bevölkerung der dortigen Siedlungen um 25 Familien vermehrt hat, von denen manche beachtliche Mittel besitzen (18 Familien im Bezirk Renfrew und 7 im Bezirk Pontiac). Sie wurden durch die günstigen Berichte von Bekannten ermutigt, ebenfalls hierher auszuwandern."

Tabelle 3: Deutsche Einwanderung ins Ottawatal im 19. Jahrhundert. Zahlenmäßige Entwicklung: Schätzungen beruhen auf Einwanderungsunterlagen der Ottawa-Agentur sowie auf Census-Zahlen.

Teil 1: Schätzungen aufgrund von Einwanderungsunterlagen:

Zeitspanne	Bezirk Renfrew	Stadt Ottawa	Labelle	Pontiac	Insgesamt
1857-60	900				900
1861-70	4000	150	500	200	4850
1871-79	1700	150	200	200	2250
1880-91	3400	1000			4400
Einwanderung insgesamt	10.000	1300	700	400	12.400

Anmerkung: Nicht inbegriffen sind Einwanderer in den Landkreis Miller im Bezirk Frontenac, in den Landkreis Denbigh im Bezirk Lennox & Addington, und in den Bezirk Hastings, die genau genommen außerhalb des Ottawatals liegen.

Teil 2: Deutsche Herkunft laut Census

Census	Bezirk Renfrew	Stadt Ottawa	Labelle	Pontiac	Insgesamt
1871	2318	179	528	233*	3258
1881	4831	340	699	426*	6296
1901	9041	1248	597	577	11.463
1911	9463	1482	714	592	12.251
1921	9429	2005	673	586	12.693

*Detaillierte Angaben für den Bezirk Pontiac finden sich bei W. Bausenhart.[91]

Zweifellos waren die Quellen der Kritik und der in den offiziellen Berichten erwähnten negativen Darstellungen die deutsch-kanadischen Zeitungen in Südontario, die den lutherischen Pastor Ludwig Hermann Gerndt zitiert hatten. Gerndt hatte nämlich behauptet, die Deutschen im Ottawatal seien unfähig, sich zu ernähren, „infolge der schwierigen Beschaffenheit der Grundstücke, auf denen sie sich angesiedelt haben".

Die Regierung war bemüht, die Behauptungen in solchen Zeitungsartikeln zu widerlegen. Wills schrieb, er sei überzeugt „nach sorgfältigen Untersuchungen" durch die Deutsche Gesellschaft (*German Society of Toronto*), dass die Bedingungen der deutschen Siedler im Bezirk Renfrew „äußerst zufriedenstellend" waren. Als Anhang zum Einwanderungsbericht 1865 veröffentlichte die Regierung einen Brief von fünf deutschen Siedlern im Flecken Sebastopol an der *Opeongo Road* im Bezirk Renfrew. Sie ordneten diese kritischen Berichte mehreren Personen zu, „die der gebildeten Klasse angehören" und versucht hatten, zu farmen, aber „aus Mangel an Kraft und Ausdauer“ gescheitert waren.

H. Lehmann[92] zitierte zwei Quellen deutscher „Chronisten", die vom „mangelnden Erfolg" der deutschen Siedler im Bezirk Renfrew berichtet hätten, schrieb aber, sie seien zu spät erschienen, um Einfluss auf die Ereignisse gehabt zu haben. 1870 erschien ein Artikel über die Deutschen in Kanada im *Deutschen Pionier*[93]:

---

[91] GCY (03).

[92] H. Lehmann, 1931.

[93] „Der Deutsche Pionier“ war eine deutschsprachige „Monatsschrift für Erinnerungen aus dem deutschen Pionier-Leben in den Vereinigten Staaten“. Die Zeitschrift wurde vom Deutschen Pionier-Verein von Cincinnati (Ohio) in den Jahren 1869 bis 1887 herausgegeben. https://de.wikipedia.org/wiki/Der_Deutsche_Pionier. Abgerufen: Juni 2018.

„Bis nach den rauhen Gegenden im Co. Renfrew sind die Deutschen zu finden. Dorthin wanderten sie, getäuscht und verführt durch gewissenlose Menschen, selbst durch sog. Kronagenten. Die Klagen aus jenen Gegenden sind oft herzzerreißend."

Die andere von Lehmann zitierte Quelle stammte von einem Mr. Jung, der 1884 schrieb:

„Dem Rufe Kanadas schadete namentlich die von gewissenlosen Menschen ins Werk gesetzte Einwanderung Deutscher in die rauhe Grafschaft Renfrew im Nordosten Ontarios, wo der Enttäuschten bittere Not und Sorge wartete."

Man fragt sich, ob Jung lediglich den Artikel im Deutschen Pionier gelesen hatte. Die ähnliche Wortwahl (gewissenlose Menschen, die raue Grafschaft Renfrew) lässt darauf schließen. Der Autor dieses Buches meint, Lehmann habe sich wohl auf dünnes Eis begeben, indem er sich auf solche Quellen und auf Census-Zahlen verließ, um eine „Massen-Abwanderung von Deutschen" aus dem Bezirk Renfrew feststellen zu wollen.

Die Besiedlung erstreckte sich verstreut über einen weiten Bereich. Karte 2 zeigt die 15 Landkreise *(Townships)* im Oberen Ottawatal, in denen Deutsche die vorwiegende Gruppe der ersten europäischen Siedler darstellten.

Das etwa 4000 km^2 umfassende Kerngebiet der deutschen Besiedlung im Bezirk Renfrew sind die 10 Landkreise von McKay bis Lyndoch (siehe Karte 2), die überwiegend von Deutschen urbar gemacht und besiedelt wurden. Die kreisfreie Stadt Pembroke gehört ebenfalls zu diesem Kerngebiet. In fast allen anderen Landkreisen des Bezirks bilden Menschen deutscher Herkunft einen wichtigen Anteil.

Das Siedlungsmuster war so stark verstreut, weil fast alle Bereiche mit potenziell besserem Ackerland im Bezirk Renfrew - besonders im flacheren Land entlang dem Ottawastrom, aber auch in den weniger unwirtlichen Gegenden auf dem Kanadischen Schild - bereits eine Generation zuvor von schottischen und irischen Siedlern in Besitz genommen und weitgehend in Farmland verwandelt worden war. Die Deutschen mussten sich mit dem unwirtlicheren Land abfinden, das übriggeblieben war.

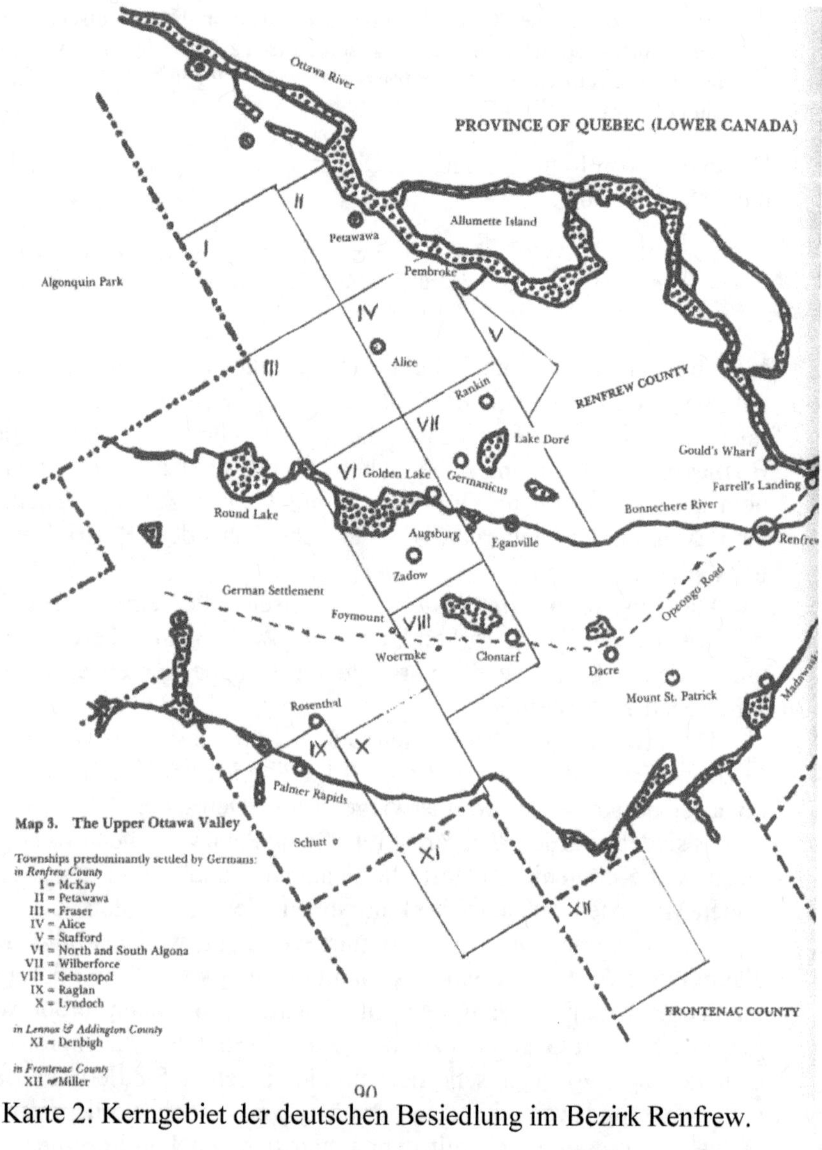

Karte 2: Kerngebiet der deutschen Besiedlung im Bezirk Renfrew.

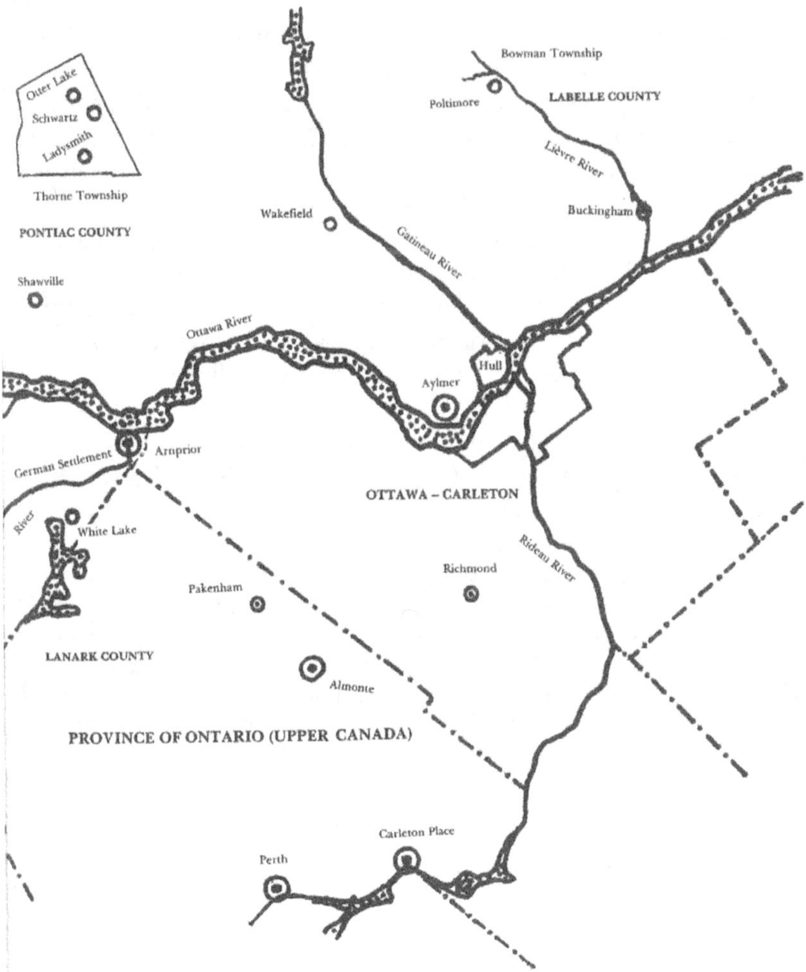

Bowman Township
Poltimore
LABELLE COUNTY
Lièvre River
Buckingham
Otter Lake
Schwartz
Ladysmith
Thorne Township
PONTIAC COUNTY
Wakefield
Gatineau River
Shawville
Ottawa River
Hull
Aylmer
German Settlement
Arnprior
OTTAWA – CARLETON
River
White Lake
Rideau River
Richmond
Pakenham
LANARK COUNTY
Almonte
PROVINCE OF ONTARIO (UPPER CANADA)
Carleton Place
Perth

91

Karte 3 zeigt die Verteilung der Bewohner „allein deutscher Abstammung" in der Stadt Pembroke gemäß dem Census von 1951. In dem Jahr - erst 6 Jahre nach dem Ende des 2. Weltkriegs - berichteten von den 10 oben genannten Landkreisen nur noch 4 - Alice, Petawawa, Stafford und Wilberforce - Deutsch als die überwiegende ethnische Abstammung. Da viele deutschstämmige Kanadier damals zögerten, ihre unpopulär gewordene deutsche Ethnie einzugestehen, ist anzunehmen, dass die Zahlen von 1951 die Situation sehr ungenau widerspiegelten (siehe Kapitel 8).

Außerhalb des Bezirks Renfrew wurden folgende Landkreise im Ottawatal ebenfalls überwiegend von Deutschen besiedelt: In Quebec der Landkreis Ladysmith im Bezirk Ladysmith (ehemals Thorne), die Landkreise Miller im Bezirk Frontenac und Bowman im Bezirk Labelle, sowie in Ontario der Landkreis Denbigh im Bezirk Lennox & Addington.

Die ersten deutschen Siedler im Landkreis Bowman trafen im Sommer 1861 ein. Der Sonderbericht über deutsche Einwanderung für 1861[94] enthielt folgenden Text:

> „Im vergangenen August wurde der Kern eines neuen Siedlungsgebiets im Landkreis Bowman im Bereich zwischen den Flüssen Gatineau und Lièvre angelegt. Es sind bereits etwa 200 oder 300 Personen angekommen, und in diesem Jahr werden viele zusätzliche Einwanderer erwartet. Viele dieser Siedler leben in einfachen Verhältnissen und besitzen 5000 oder 6000 Dollar insgesamt. In dieser Gegend stehen mehr als 15.000 *Acres* Land zu 40 % billiger als auf der *Upper Canada*-Seite zum Ankauf bereit."

[94] Parliamentary Papers 1862, 36, S. 402).

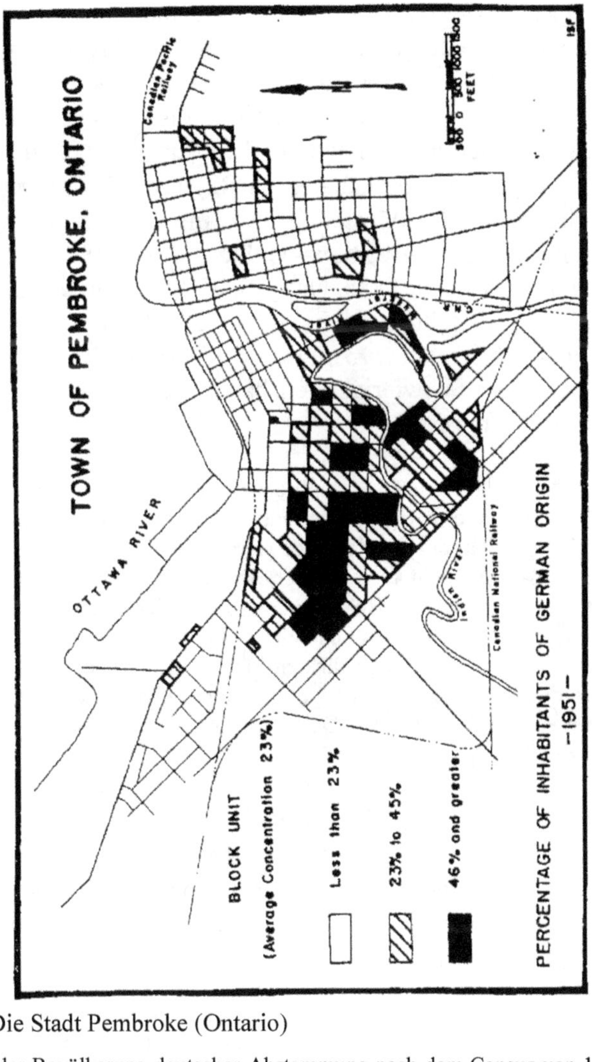

Karte 3 - Die Stadt Pembroke (Ontario)

Verteilung der Bevölkerung deutscher Abstammung nach dem Census von 1951. Quelle: Fraser, I.C., AA (05).

Less than 23% = Weniger als 23 %
23% to 45% = 23 % bis 45 %
46% and greater = 46 % und mehr

Im Laufe der nächsten Jahre trafen mehrere hundert deutsche Siedler in dem Gebiet ein. Bald gab es nicht nur im Landkreis Bowman, sondern auch in den benachbarten Landkreisen Villeneuve, Portland, Mulgrave, Derry usw. verhältnismäßig große deutsche Ansiedlungen.[95] Aufgrund der landwirtschaftlichen Erfahrungen dieser Deutschen bezeichnete die neue kanadische Regierung[96] die Deutschen in dieser Region bald als „Mustersiedler". Im „Bericht über deutsche Kolonisierung im Oberen Ottawa-Gebiet" von 1887 (*Dominion of Canada Sessional Papers* 1888, Nr. 4, S. 219 ff.), den ein Beamter der neuen Regierung erstellt hatte, heißt es, „alle (waren) in guten Verhältnissen und erfolgreich (*prosperous*)", obwohl man „der abgelegenen Gegend halber Schwierigkeiten habe, die Produkte zu vermarkten". Der Bericht fuhr fort:

> "... in vielen Fällen gelang es den deutschen Siedlern, sich und ihre Familien erfolgreich zu ernähren, und es geht ihnen gut, während Siedler anderer Nationalitäten nicht dazu in der Lage waren. Als Grund für ihren Erfolg geben sie an, dass sie nicht auch anderen Beschäftigungen wie der Holzfällerei und dem Mühlenbetrieb nachgehen, sondern sich ganz und gar auf die Landwirtschaft konzentrieren und keine Schulden aufnehmen.
> „Ein unwiderlegbarer Beweis für den Fleiß und die Sparsamkeit der Deutschen in diesen Landkreisen ist, dass sie ihre eigenen Schulen unterhalten, an denen zur Hälfte des Tages Deutsch, zur anderen Hälfte Englisch unterrichtet wird."

Auch heute noch sind die Telefonverzeichnisse für das Obere Ottawatal ein guter Beweis dafür, wie viele Familien deutscher Herkunft sind, obwohl zahlreiche deutsche Familiennamen im Laufe der Zeit auch ins Englische übersetzt wurden und nicht mehr als deutsch er-

---

[95] Lehmann, H.

[96] Am 1. July 1867 wurde aus den ehemaligen Kolonien Canada (vereinigtes Ober- und Unter-Kanada), New Brunswick und Nova Scotia der Bundesstaat Kanada (Dominion of Canada) gebildet. Diese Staatsgründung wurde *Confederation* genannt. Die Regierung des neuen Staatsgebildes übernahm manche der Einwanderungsfunktionen von den ehemaligen Kolonien. Das Dominion of Canada begann mit vier Provinzen: Ontario, Quebec, New Bruswick und Nova Scotia. Bald traten ehemalige Kolonien und Territorien als Provinzen hinzu (Prince Edward Island, Manitoba, Saskatchewan, Alberta und British Columbia). Newfoundland wurde erst 1949 zur kanadischen Provinz. Außerdem hat Kanada drei riesige nördliche Territorien.

kennbar sind (Müller = Miller, Schmidt = Smith, Schönfeld = Fairfield, Neumann = Newman usw.).

www.easiertoread.com
PEMBROKE
276 Schauer — Schulz
Schauer Mark 510 Centre St 735-7225
Schauer R 1721 Sandy Beach 732-3148
Schenl P 395 Bell 732-0270
Schellenberg Gord & Andrea 562 Barron Canyon 735-7297
Schenk John 12 Barry 732-4215
Scheuneman Carl 1109 Witt 735-6306
Scheuneman Emma RR 7 735-6250
Scheuneman L RR 5 732-1366
Scheuneman Lorne R RR 6 732-2752
Scheuneman N RR 3 732-3294
Scheuneman R RR 3 732-9252
Scheuneman Robert 653 Norman 732-7322
Scheuneman Walter A RR 3 735-6915
Schikie D 408 Esther 732-0940
Schikie L 1041 Bronx 735-7112
Schikie Wendy 265 Clemow 735-7276
Schilling D & S 735-9177
Schilling Frank J RR 3 732-9857
Schilling L 2 Crandall 732-9553
Schilling M 212 Bardis Dr 732-8548
Schilling Rick & Linda 624 Moss Dr 735-6553
Schimmens Brent 1045 Mountainview Dr 735-1209
Schimmens G 436 Lynn 732-8481
Schimmens John 363 Nelson 735-5316
Schimmens Kirton N 406 Everett 735-2723
Schimmens Mervin & Mary 624 Pamiton 735-6322
Schimmens R 116 Nick Dr 735-0021
Schimmens Reid 167-B Sullivan Pt Rd 638-2745
Schimmens Rodney 183 Alfred 735-8984
Schimmens T 536 Mary 631-0320
Schinke H 1337 Barron Canyon 735-7074
Schison David RR 4 735-3367
Schison Wayne 1467 Forest Lea Rd 732-4255
Schizkoske A 181 Schultz 735-3403
Schizkoske Andrew 510 Maple 732-7928
Schizkoske B 493 Moffat 635-7214
Schizkoske Barry 589 Roy St E 732-1462
Schizkoske Brian RR 7 Pembroke 732-3176
Schizkoske C 503-A Boundary E 732-7700
Schizkoske D 21 Heron Dr 732-9457
Schizkoske Grant Custom Mechanical Ltd RR 7 Pembroke 732-2747
Schizkoske Grant E RR 7 Pembroke 732-2747
Schizkoske J & S 232 Patterson Pembroke 735-6301
Schizkoske Jamie 545 Bell 732-8396
Schizkoske M 99 Athens 735-6074
Schizkoske M E 497 Somerset 735-6550
Schizkoske P E 373 Carmody 735-5486
Schizkoske Warren 703 Elgin 732-8617
Schleen Donald 663 Elgin 735-4312
Schleen Keith 210 Mcallister 732-9085
Schleen Lloyd & Joyce 391 Chamberlain 732-4656
Schmidt B 288 White Water 732-5645
Schmidt R & K 660 Fairview 635-7205
Schmidt's Catering RR 3 735-5691
Schmitz Michael D CH Chirpdst 201 Deacon 735-6742
Schneider J & S 635 Pembroke W 735-0797
Schneider Rebecca & David 587 Moffat 735-7163
Schneidmiller V J 553 Nelson 635-7480
Schnieder D & K 96 Priebe 735-8697
Schnieder K 606 Boundary E 732-0985
Schnieder Lornie Pembroke 732-7191
Schnieder Morris RR 6 732-4257
Schnieder S 1030 Lea 735-1199
Schoenfeldt K RR 3 732-1937
Schoenfeldt P 538 Lark 732-9469
Schofield C 860 Pembroke W 732-4122
Schofield Gerry & Coleen RR 3 735-6458
Schofield M RR 7 732-7491
Schofield Marc 1205 Henan 735-2579
Schofield R 605 McGee Pem 629-5032
Schofield Robert 462 Fraser 732-0094
Scholz E 259 Peter 735-6336
Scholz Guenter RR 1 Pembroke 638-8470
Schonnop J 645 Roy W 732-8964
Schonnop Ronald 422 Golf Course Rd 732-8867
Schoof Robert 49 Centre 735-0310
Schooley H O 552 Melton 732-9130
Schooley M & J 1500 B Line Rd 635-4951
Schoonbaert I 531 Mary Av 631-0529
Schrader C & B 640 Forest Park Rd 638-5635
Schreader Bill & Val 538 Giroux Pem 732-2182
Schreader Clifford 1022 Pembroke E 732-7067
Schreader Edwin 200 Christie 732-2555
Schreader J & C 145 Morris St 732-3384
Schreader Karen & Bob 408 Broadview Dr 735-1456
Schrie Desmond 540 McGee Pem 735-8278
Schrie Flora 200 Willoughby Cr 735-5430
Schroeder A 26-B Springhill Cr 631-0626
Schroeder Brian RR 7 Pembroke 732-3908
Schroeder D 11-571 Alfred E 735-1484
Schroeder D 3368 B Line 732-3189
Schroeder D RR 4 735-5979
Schroeder D RR 6 732-7197
Schroeder D & N 81 Spruce W 735-7999
Schroeder Dan & Lynda Pembroke 735-0514
Schroeder Dennis C 1014 Pembroke W 732-4169
Schroeder Faye 152 Meath Hill Rd 638-2906
Schroeder Harris & Donna 861 Sandy Beach 735-1828
Schroeder J 1396 Pembroke W 732-8484
Schroeder K 579 Borne 735-4578
Schroeder K 372 Pembroke E 735-9389
Schroeder Lester 323 Julien
Schroeder M 26 Heeley Ln
Schroeder Mark 379 Esther
Schroeder N 241 Everett
Schroeder N 173 Fraser Ln
Schroeder R & H 871 Sandy Beach
Schroeder Robert RR 4
Schroeder Roy 124 Rita Cr
Schroeder S 654 Glenwood Dr
Schroeder S & H 223 Elizabeth N Pembroke
Schroeder-Smith Pia & Orison 615 Weston
Schroeder T 6790 Round Lake
Schroeder Wade RR 4
Schruder C L 425 Nelson
Schruder H 425 Cecelia
Schruder Helen & Larry 7 Heritage Place
Schruder N 345 James
Schruder S 184 Market
Schryer G 1380 Pembroke W
Schryer L
Schryer R 2953 B Line Rd
Schryer R 2953 B Line Rd
Schryer R 2 Ridge Dr
Schryer S 507 Nelson
Schull L 186 Garden
Schully Mary 569 Mary
Schultz A 165 Cecelia
Schultz A 340 Dickson
Schultz Allastier Forest Lea Rd
Schultz C 544 Boundary E
Schultz D 280 Clemow Av
Schultz D 40783 Hwy 41
Schultz Doug 222 Peter
Schultz Dwayne RR 7
Schultz E 122 Catherine
Schultz Edgar RR 3 Pembroke
Schultz Eldon C 423 Trafalgar
Schultz Elmer R 156 Schultz
Schultz Faye And Roy 394 Morris
Schultz Gerald 255 Peter
Schultz K 259 B Line
Schultz Ken 573 Alfred E
Schultz Kenneth 526 Fraser
Schultz Kenneth F RR 3
Schultz L 314 Julien
Schultz L 430-A Murray
Schultz Michael & Jennifer 121 Springfield Cr
Schultz R 3243 B Line Rd
Schultz R J 417 Herbert
Schultz S 108 Ken Dr
Schultz S H 5 Crandall
Schultz Sandra & Chuck 706 Fischer Pem
Schultz Stanley 459 Barron Canyon
Schultz T & L 609-A Roy W
Schultze-Jones J 624 Cedar Brae Dr
Schulz Edward RR 7 Pembroke
Schulz Gerda RR 1 Pembroke
Schulz Jason 276 Witt
PEMBROKE
EASIER TO READ 1-888-228-7855 WWW.EASIERTOREAD.COM

Abbildung 41: Seite des Telefonbuchs von 2018 für die Stadt Pembroke.

Im Jahre 1984 war es eine interessante Übung, die Familiennamen der 95 Familien, die Sinn 1860 nannte (Tabelle 2) mit dem Telefonbuch für das Obere Ottawatal von 1984 zu vergleichen. So erschien der Name Biesenthal 18 mal in Pembroke; Giese erschien 11 mal in Renfrew, 5 mal in Pembroke und je einmal in Arnprior, Eganville und Palmer Rapids. Witt erschien 12 mal in Pembroke und je einmal in Foymount und Petawawa. Wassmund erschien 3 mal in Pembroke, 3 mal in Renfrew, je einmal in Cobden, Killaloe und Petawawa, und zweimal in Palmer Rapids, wo es einmal auch als Wasmond geschrieben wurde.

In Foymount, Golden Lake und Palmer Rapids war der Anteil deutscher Namen im Telefonbuch sehr hoch, auch wenn man nur Namen in Betracht zog, die noch als Deutsch erkennbar waren (wie Layman für Lehmann oder Stenback für Steinbach usw.) In Palmer Rapids erschien der Name Weichenthal in fünf verschiedenen Schreibweisen: 1 Wechenthal, 2 Weichenphal, 2 Weichenthal, 2 Wiechental und 2 Wiechenthal.

Auch die Grabsteine auf den Friedhöfen im Oberen Ottawatal zeigen die deutsche Herkunft der heutigen Bewohner. Da man in Kanada Grabstellen wie alle anderen Grundstücke kauft und nicht nur die Benutzungsrechte auf Zeit erwirbt wie in Deutschland, werden die Grabsteine nicht zu Kies zermahlen, wenn niemand mehr für das Grab sorgt. Auf Grabsteinen verschiedener Friedhöfe im Oberen Ottawatal sah ich acht unterschiedliche Schreibweisen des Namens Schünemann: Scheuneman, Scheunemann, Sheunemann, Sheuneman, Shuenemann, Shueneman, Shunemann, Shunman und Sheinman.

Abbildung 42: Augsburg: Klingbeil/Oelke-Grabstein auf dem Friedhof der St. John's-Kirche.

Bedenkt man, dass etwa 20 % der Bevölkerung im Bezirk Renfrew deutscher Abstammung sind, wundern sich Leute, die nicht mit der Geschichte des Bezirks vertraut sind, dass es dort so wenige deutsche Ortsnamen gibt. Was die natürlichen Merkmale (Seen, Flüsse, Bäche, Berge und Hügel) anbelangt, so hatten die Algonkin sie natürlich lange vor den Eintreffen der Europäer benannt, und viele Namen dieser Indigenen sind geblieben, allerdings auf französische oder englische Weise „entstellt“. Dazu gehören z.B. Opeongo, Madawaska, Petawawa usw. Die französischen „Entdecker“ des 17. und 18. Jahrhunderts hinterließen ihre Namen: Doré, Portage du Fort, Rapides des Joachims, Bonnechere River usw. Die schottischen und irischen Siedler gaben den von ihnen gegründeten Dörfern und Städten, aber auch manchen topographischen Merkmalen englische und gälische Namen wie Pembroke, Arnprior, Renfrew oder Golden Lake, Mud Lake usw. Als die Deutschen Mitte des 19. Jahrhunderts eintrafen, fanden sie wenige Orte oder natürliche Gegebenheiten vor, die noch keine offiziellen Bezeichnungen trugen, und sie füllten nur hier und da eine Lücke aus.

Es gibt jedoch auf beiden Seiten des Ottawa eine Anzahl an Ortsnamen, die an das deutsche Element erinnern:

Siedlungen und Dörfer:
Im Landkreis Wilberforce: Germanicus, Augsburg[97], Lett's Corner, Woito (Wendisch); im Landkreis Raglan: Wingle und Schutt; im Landkreis Sebastopol: Woermke; im Landkreis Brudenell: Rosenthal; im Landkreis Petawawa: Kramer und Hoffman; im Landkreis South Algona: Zadow. Der Ortsname *German Settlement* (Deutsche Siedlung) erschien im Landkreis Hagarty und im Landkreis McNab nahe Arnprior. Auch der heute Mansfield genannte Ortsteil der Stadt Arnprior hieß früher German Town, denn hier waren vorwiegend deutsche Lutheraner ansässig. Der ursprüngliche Name des Dorfes Ladysmith im Landkreis Thorne war Bretzlaff Corners; das Dorf Schwartz liegt 5 km entfernt.

[97] Nach der Augsburger Konfession (*Confessio Augustana*) benannt, dem grundlegenden Bekenntnis der Lutherischen Reichsstände zu ihrem Glauben (1530). Es gab hier keineswegs Einwanderer aus der Stadt Augsburg im bayerischen Regierungsbezirk Schwaben.

Abbildung 43: St. John's Lutheran Church im früher German Town genannten Stadtteil Mansfield der Stadt Arnprior. Der erste Pastor war G. Brackebusch. Später wirkte hier Bahne Peter Christiansen, der sein Amt 1904 niederlegte, um sich der von ihm gegründeten Zeitung *Deutsche Post* zu widmen.

Deutsche Namen natürlicher Merkmale:
Im Landkreis Alice: Maves Lake, Maves Creek, Remus Lake, Petznick Lake.
Im Landkreis Brudenell: Schimmen's Creek
Im Landkreis Hagarty: Byer's Creek und Zummach's Creek
Im Landkreis Lyndoch: Kauffeldt Lake und Liedtke Lake
Im Landkreis Raglan: Budarick Lake, Genrick's Lake und Stringer's Lake
Im Landkreis Ross: Broome's (Brumms) Creek
Im Landkreis Sebastopol: Boland's Lake, Schaven's Lake, Schweigert's Creek
Im Landkreis Sherwood: Kretzel Lake und Zelney's Lake
Im Landkreis Petawawa: Jorgens Lake, Antler Point, Gust Point, Wegner Point (*Creek* = Bach; *Lake* = See; *Point* = Landzunge).

Die überwiegende Mehrheit der deutschen Einwanderer ins Ottawatal gehörten der evangelisch-lutherischen Konfession an, der damals weit überwiegenden Religionsgemeinschaft in den östlichen Provinzen Preußens und in Mecklenburg. Bald nach ihrer Ankunft in Kanada verkündeten viele Einwanderer den Wunsch, ihre eigenen Kirchgemeinden zu bilden, denn die in der Region bestehenden protestantischen Kirchen (z.B. presbyterianische oder anglikanische Gemeinden) waren weder lutherisch noch deutschsprachig. Manche Siedler wandten sich an die Pittsburgh-Synode im US-Bundesstaat Pennsylvania, der seit einiger Zeit viele deutsche Gemeinden in Südontario angehörten. So wurde zum Beispiel eine Gemeinde der „*Canada Conference of the Pittsburgh Synod*" in New Hamburg in Südontario gegründet.[98] Wahrscheinlich wurde die Verbindung durch die aus Südontario ins Ottawatal abgewanderten Deutschen hergestellt. Am 20. Februar 1861 fand in Sebastopol in Südontario (nicht mit dem Landkreis und Flecken Sebastopol im Ottawatal zu verwechseln) ein Treffen statt, auf dem ein Schreiben des Einwanderungsagenten William Sinn verlesen wurde. Infolge dieses Schreibens entsandte die *Canada Conference*

[98] Jubiläums-Büchlein, JU (02).

der Synode den Pastor Ludwig Hermann Gerndt als „erkundenden Missionar" (*Exploring Missionary*) ins Ottawatal. Gerndt wurde am 18.7.1821 in Berlin, der Hauptstadt von Preußen, als Sohn von Johann Gottlieb Gerndt geboren. Er war zehn Jahre lang als Missionar in Indien tätig, bevor er nach Kanada übersiedelte. Seine Tochter Mary kam in Indien zur Welt, sein Sohn Christlieb in Kanada. Ein Jahr nach Aufnahme seiner „Mission" im Ottawatal schrieb er von Mannheim in Südontario aus an die Synode: „Diese Siedlungen liegen etwa 450 bis 500 Meilen von hier im Bezirk Renfrew ... etwa 100 Meilen nordwestlich der Stadt Ottawa." Gerndt wirkte von ca. 1861 bis 1870 im Ottawatal. Im Jahre 1870 zog er nach Brooklyn um. Als Lutherischer Geistlicher betreute er Einwanderer auf Ellis Island. Er starb am 5. Januar 1905 in Brooklyn.

Laut Jacques Gagné, *The German Presence in Western Quebec & Upper Ottawa Valley* (gagne.jacques@sympatico.ca, abgerufen: August 2019), führte Pastor Gerndt die Aufzeichnungen über seine seelsorgerische Tätigkeit im Ottawatal ständig in seiner Satteltasche mit sich. Sie sind als Gerndts „*Saddlebag Records*" erhalten geblieben: *Lutheran Parish Records from the Ottawa Valley, The Saddlebag Parish Records of Pastor Ludwig Herman Gerndt 1861-1890; 2000 Namen,* zusammengestellt von Daniel J. Farber et al., herausgegeben vom National Capital Genealogy Club, Box 33006, Ottawa. Die ca. 2000 Eintragungen sollen Vor- und Nachnamen seiner Gemeindemitglieder, Geschlecht, Geburtsdatum, Sterbedatum und Sterbeort enthalten, aber „nicht die Todesursache und die Namen der Paten".

Im Jahre 2018 begann Mark Woermke (Ottawa/Barry's Bay) die Erstellung einer Liste von Ortsnamen, aus denen deutsche Einwanderer ins Ottawatal zwischen 1857 und 1900 kamen. Dabei beruft er sich auf William Sinns Liste preußischer Siedler von 1860, auf Gerndts Satteltaschen-Listen, sowie auf kanadische standesamtliche Eintragungen. Er vergleicht diese Informationen mit Daten aus den verfügbaren Hamburger Passagierlisten und den Auswandererlisten von Brandenburg. Sobald er einen spezifischen Auswanderungsort gefunden hat, vergleicht er ihn online in *Meyer's Gazetteer* (Meyers Ortslexikon), in dem jeder Ortsname im Deutschen Kaiserreich um ca. 1912 verzeichnet ist. So kann er auch die Namen der heute in Polen gelegenen Orte übersetzen und erfassen.

Obwohl Woermke im Sommer 2018 bereits 706 Ortsnamen in seiner Datei hatte, ist er noch weit von der Fertigstellung entfernt. Er hat jedoch schon einige Zusammenhänge gefunden:

Laut Woermkes Ermittlungen kamen 96 % der deutschen Einwanderer in den Bezirk Renfrew aus dem Königreich Preußen; 43 % aus der Provinz Brandenburg, zumeist aus den Kreisen Cottbus, Arnswalde, Friedeberg und Soldin; 38 % aus Pommern mit den meisten aus den Kreisen Neustettin, Saatzig, Schivelbein and Belgard; 11 % aus Westpreußen (Deutsch Krone, Flatow, Berent and Marienwerder: 4 % aus Schlesien und Posen. Der Autor der gegenwärtigen Studie bezweifelt allerdings den sehr hohen Anteil aus Brandenburg und ist der Ansicht, dass sich all diese Verhältnisse im Laufe von Woermkes Ermittlungen stark verändern werden. Er selbst hatte bei seinen Feldstudien auch einen sehr hohen Anteil aus Pommern festgestellt, allerdings ohne statistische Erhebungen durchzuführen.

Die erste Gemeinde, die Gerndt im Ottawatal gründete, war St. Paul in Locksley im Landkreis Alice. Die Kirche lag an der Kreuzung der Straßen Locksley Road und B-Line. Von hier aus musste er seine Gemeinden in den Landkreisen Alice, Wilberforce und Petawawa sowie in der Stadt Renfrew bedienen. Zuerst wanderte er zu Fuß, dann ritt er im Sattel und schließlich fuhr er per Einspänner. Das Gefährt hieß „*Democrat*" und ermöglichte ihm, längere Strecken in seinem riesigen Territorium zurückzulegen. Der „Democrat" ist bis heute erhalten geblieben (siehe Abb. 45). 1869, als Gerndt bereits acht Gemeinden hatte, schickte man ihm Pastor F.W. Franke als Assistenten.

Abbildung 44: Pastor Ludwig Hermann Gerndt, der erste lutherische Geistliche im Ottawatal (1861-1872). Foto: Jubiläums-Büchlein 1911.

Abbildung 45: Der „Democrat", mit dem Pastor Gerndt zu seinen Gemeinden fuhr. Das Fahrzeug ist im *Champlain Trail Museum* in Pembroke ausgestellt. Foto: Autor.

Schreiblesefibel

für den

Unterricht der Elementarklassen.

Neue Serie.

St. Louis, Mo.
CONCORDIA PUBLISHING HOUSE.

PRINTED IN U. S. A.

Schreiblesefibel, die in den deutschen lutherischen Pfarrschulen der Missouri-Synode im Ottawatal verwendet wurde.

Eine Geschichte der zahlreichen lutherischen Kirchen im Ottawatal gehört nicht zum Aufgabenbereich dieses Buches, obwohl dies eine interessante Studie darstellen würde. Es kann hier nur erwähnt werden, dass die Gegenwart und die Aktivitäten der lutherischen Geistlichen einen Schlüsselfaktor dafür darstellten, dass der ethnische Charakter der deutschen Siedlungen so lange aufrecht erhalten blieb. Sie führten nicht nur die Gottesdienste auf Deutsch durch, sondern unterrichteten auch die Kinder der Gemeinden im Kindergottesdienst und in Form von einfachen deutschen Sprachkursen. Noch 1910 waren ca. 40 % der Kinder an den Grundschulen der Stadt Pembroke deutschsprachig, und in den Landgemeinden war der Anteil noch weit höher. Bis 1929 wurde die deutsche Sprache auch an Pfarrschulen gelehrt. Deutsche Gottesdienste wurden in manchen Kirchen bis etwa 1970 durchgeführt. Eine der letzten Kirchen im Oberen Ottawatal, die noch deutsche Gottesdienste durchführte, war St. John (St. Johannis) in Augsburg (bis 1975 noch einmal monatlich). Die von den lutherischen Kirchen vermittelten Sprachendienste sind der Hauptgrund, warum Deutsch unter den Nachkommen der deutschen Einwanderer noch nicht gänzlich verschwunden ist.

Im 1. wie auch im 2. Weltkrieg dienten Tausende junge Kanadier deutscher Abstammung als Soldaten im Kampf gegen Deutschland, und dazu gehörten auch Nachkommen der um Mitte des 19. Jahrhunderts ins Ottawatal eingewanderten Menschen. Der Autor hat keine Unterlagen gefunden, die auf zwiespältige Empfindungen hinweisen, den manche dieser Soldaten empfunden haben müssen, als es galt, gegen das „Vaterland" ihrer Eltern, Großeltern oder Urgroßeltern zu kämpfen - und auch ihr Leben zu lassen. Es ist aber anzunehmen, dass sich die Nachfahren der Einwanderer in jeder Beziehung als Kanadier und auch als *British subjects* (britische Untertanen) betrachtet haben. Sie waren in jeder Beziehung in die kanadische Gesellschaft integriert.

Arnprior Soldier Killed Overseas

ARNPRIOR, Ont., Oct. 20.—(Special)—Mr. and Mrs. Fred A. Neumann, of the Mansfield section of Arnprior, were notified today by the R.C.A.F. casualties' officer that their son, Sergeant Gunner Elmer John Neumann, was killed on active service overseas on October 17. A further message stated that the young airman was buried in Stonefall cemetery at Harrowgate, Yorkshire, England, and that a letter bearing further particulars would follow.

Sgt. Gunner Neumann went overseas only in May of last year after considerable training in Canada. He was born in Arnprior 29 years ago, educated in the local schools and before enlistment with the R.C.A.F. had been employed at mine work in Levack, Ont., for about five years.

Besides his parents, he is survived by four brothers and three sisters. The brothers are: George Neumann, mining engineer at Bourlamaque, Que., LAC.; Murray Neumann, Comox, B.C.; Allan Neumann, at home, and Warrant Officer Welland Neumann, who for upwards of two years has been a prisoner of war in Stalag, No. 3, Germany. The last named is the young man who was first reported missing and whose voice startled his family and friends when about a year ago it came into their homes on a short wave broadcast from Germany, advising that he was well and a prisoner of war. The sisters are Miss Erla and Marion, in Ottawa, and Miss Anna Neumann, at home.

Soldat aus Arnprior in Übersee gefallen

Die Familie Neumann im Ortsteil Mansfield (Stadt Arnprior) verlor ihren 29jährigen Sohn, den Bordschützen Feldwebel Elmer John Neumann, der am 17. Oktober [1944] bei einem Einsatz über Deutschland sein Leben ließ. Außer seinen Eltern trauern um ihn vier weitere Söhne und drei Töchter der Familie. Ein anderer Sohn, Stabsfeldwebel Welland Neumann, ist seit mehr als zwei Jahren Kriegsgefangener in Stalag 3[99]. Er war zunächst als vermisst gemeldet, aber vor etwa einem Jahr kam überraschenderweise die freudige Nachricht über Kurzwellenfunk aus Deutschland, dass er als Kriegsgefangener wohlauf ist.

Wie die Inschriften am „*War Memorial*“ (Kriegerdenkmal) in der Stadt Arnprior zeigen, war Neumann nicht der einzige deutschstämmige Bürger dieser Kleinstadt, der im 2. Weltkrieg gefallen ist, und auch der den 1. Weltkrieg betreffende Teil des Denkmals enthält mehrere deutsche Namen einschließlich Neumann (auch schon für den 1. Weltkrieg: Ernst, Stanzel,

[99] https://de.wikipedia.org/wiki/Stalag_Luft_III. Abgerufen: August 2018.

Schnob, Wishart usw. Fast alle Denkmäler und Gedenktafeln in den anderen Orten des Oberen Ottawatals lassen erkennen, wo die Loyalität der Nachfahren deutscher Einwanderer lag. Ihre Integration bedeutete totale Identifizierung mit ihrer kanadischen Heimat (und damit auch mit der britischen Monarchie) statt mit der alten Heimat ihrer deutschen Vorfahren.

Abbildung 46: „Für König und Vaterland". Diese Tafel in der *Zion Lutheran Church* in Pembroke zeigt die Namen von Gemeindemitgliedern, die im 1. Weltkrieg freiwillig als Soldaten gedient haben - fast durchweg Nachkommen der deutschen Einwanderer. Viele von ihnen sind gefallen. (Die Namen der Gefallenen sind anderswo in der Kirche aufgelistet.)

Abbildung 47: Der Gefreite Max Albert Luloff, geb. 1896 als Sohn von Albert Luloff und Teresa geb. Weber; gefallen in Frankreich im September 1917. Seine Luloff- und Weber-Vorfahren stammten aus dem Landkreis Saatzig in Pommern. Die Luloff-Großeltern kamen ins Ottawatal aus Ravenstein, Landkreis Saatzig und trafen 1857 mit dem Segelschiff „Fairy" aus Hamburg ein. Foto und Auskunft: https://www.veterans.gc.ca/eng/remembrance/memorials/canadian-virtual-war-memorial/detail/30244Remembrance. Der Autor dankt Mark Woermke für die Beschaffung des Bildes und der Auskunft.

Der englischsprachige Schulbesuch war im Bezirk Renfrew bis 1929 noch freigestellt. So lange die Kinder an fünf Tagen der Woche überhaupt eine Schule besuchten, spielte es keine Rolle, ob sie am Unterricht einer deutschsprachigen Konfessionsschule oder einer englischsprachigen öffentlichen Schule teilnahmen. So erhielten viele Kinder ihre Grundschulbildung auf Deutsch. Viele lutherische Konfessionsschulen unterrichteten später an zwei oder drei Tagen pro Woche. Die Kinder wechselten zwischen deutschen und englischen Schulen und wurden fließend zweisprachig. Nach 1929 wurde Deutsch jedoch nur noch Samstags an den Schulen und Sonntags im Kindergottesdienst unterrichtet.

Abbildung 48: Der Flecken Augsburg bei Eganville wurde nach der Augsburger Konfession von 1530 benannt. Foto: Autor.

Abbildung 49: Augsburg. Rechts: Die lutherische Zion-Kirche (Missouri-Synode), links: die lutherische St. John's-Kirche (LCA - Lutherische Kirche in Amerika). Foto: Autor.

Abbildung 50: Die *Salem Evangelical Missionary Church* liegt nur einige Kilometer von den anderen beiden lutherischen Kirchen in Augsburg entfernt.

Abbildung 51: Die *Grace Lutheran Church* in Rankin wurde 1863 gegründet. Foto: Autor.

Abbildung 52: Das lutherische Pfarrhaus in Ladysmith. Foto: Jubiläums-Büchlein 1911.

Abbildung 53: Die *St. John's Lutheran Church* in Ladysmith wurde 1875 gegründet. Foto: Autor.

Abbildung 54: Die „Hauptstraße" in Ladysmith (früher Bretzlaff Corners genannt). Foto: H.W. Debor.

Abbildung 55: *Zion Lutheran Church* in Pembroke ist die größte lutherische Gemeinde im Ottawatal. Im Jahre 1983 hatte sie 1354 Mitglieder und war damit die fünftgrößte lutherische Gemeinde Kanadas. Laut Pastor Paul Roellchen-Pfohl hat Zion 2018 rund 1390 Mitglieder. An einem durchschnittlichen Sonntag erscheinen rund 150 Gemeindemitglieder zum Gottesdienst. Foto: Autor.

Abbildung 56: Dieses Spinnrad wurde in den 1860er Jahren von den Vorfahren der Frau W.E. Lemke in Rankin aus Deutschland mitgebracht. Foto: Autor.

Abbildung 57: Das deutsche Gesangbuch wurde im Dorf Golden Lake gefunden und dem *Champlain Trail Museum* übergeben. Foto: Autor.

Abbildung 58: Friedhof der lutherischen Zion-Gemeinde in Pembroke. Foto: Autor.

Abbildung 59: Wie Psalm 23.4 andeutet, dürfte Albert Theodor Risto am Tag nach seinem 32. Geburtstag durch einen Unfall ums Leben gekommen sein. Foto: Autor.

Abbildung 60: Überall im oberen Ottawatal erinnern Grabsteine an Tausende von deutschen Siedlern. Foto: Autor.

Auch heute noch können sich manche sehr alte (zwischen 80 und 100 Jahre alte) Menschen im Ottawatal schlecht und recht auf Hochdeutsch oder Niederdeutsch unterhalten, allerdings mit einem starken englischen Akzent und einem sehr begrenzten Vokabular. Selbst manche jüngere Leute haben zumindest elementare Deutschkenntnisse - in den abgelegenen ländlichen Gebieten mehr als in den Städten. Ich nehme Bezug auf den interessanten und wertvollen linguistischen Beitrag, den der Germanist W. Bausenhart[100] mit seiner Studie geleistet hat.

Die erste Schule überhaupt im Landkreis Thorne (Bezirk Pontiac in Quebec) war die deutsche Pfarrschule in Bretzlaff Corner (jetzt Ladysmith). Die erste englischsprachige Schule wurde dort erst 1885 eingerichtet, und sie erteilte anfänglich nur drei Monate im Jahr Unterricht.[101]

[100] Bausenhart, W., The German settlement of Ladysmith, Quebec, and the dialect spoken by its settlers. 1976.

[101] AA (03, 04).

Eine um 1979 angefertigte Studie von A. Schnurr, einer Bewohnerin von Poltimore (*Landkreis* Bowman im Bezirk Labelle) für die *St. Paul's Lutheran Church* in Poltimore enthält Familiennamen der ersten Familien, die sich 1860 dort ansiedelten, darunter Fregin, Nitzkhe (sic), Scheslock und Bronkie.[102]

An vielen Orten wurden vor der Ankunft lutherischer Pastoren Gottesdienste in privaten Häusern der Siedler gehalten. So erzählte laut Schnurrs Angaben Pastor J.C. Borth in den 1870er Jahren von den Schwierigkeiten, die er und die deutsche Gemeinde in diesem abgelegenen Gebiet zu ertragen hatten:

> „Es war äußerst schwierig, irgendwo hin zu kommen. Ein Beispiel war mein erster Besuch in High Falls: Drei Meilen zu Fuß zum Ottawa-Bahnhof; mit der Bahn nach *Buckingham Junction*, dann eine einstündige Fahrt mit der Postkutsche nach Buckingham, wo ich übernachtete. Am Samstagmorgen eine lange Fahrt in einem kleinen Indianer-Birkenrinden-Kanu - an jedem Ende paddelte ein getreues Gemeindemitglied. Ich saß in der Mitte von 8 Uhr morgens bis 5 Uhr abends. Flussaufwärts auf dem *Lièvre River* mussten wir zwei Wasserfälle mit dem Kanu und dem Gepäck am rauen Ufer umgehen. Als wir den Fluss verließen, mussten wir auf einen Berg steigen, dann weiter zu Fuß am Flussufer entlang, bis wir unser Ziel endlich um 10 Uhr abends erreichten. Am Montag ging es dann ebenso zurück."

In German Settlement (Landkreis McNab) bauten die dort ansässigen Farmer 1878 ein eigenes Schulhaus auf einem halben *Acre* Land - von Carl Streich für 10 Dollar zur Verfügung gestellt -, nachdem die teils lutherischen, teils baptistischen Siedler 1877 gemäß den bestehenden Bestimmungen 1877 eine „Schulbehörde" (*School Board*) gebildet hatten, die für Verwaltung und Finanzierung des gesamten Schulbetriebs verantwortlich war.[103] In einem Buch führten sie Protokoll über ihre Sitzungen. Das mit nur einem Klassenzimmer für alle Schüler von der ersten bis zur achten Klasse ausgestattete Schulhaus (ein „Blockhaus") wurde - wie alle 15 Schulen im Landkreis - 1967 ge-

---

[102] HF (20).

[103] Hessel, P., *McNab -The Township*, S. 150-151.

schlossen, als eine große zentrale Schule für sämtliche Schüler des Landkreises eröffnet wurde. 1978 beförderte das Komitee des örtlichen Heimatmuseums „*Waba Cottage*" in White Lake das Schulhaus von *German Settlement* zum Museumskomplex, wo es seitdem als Beispiel für ein „*One Room School House*" dient. Der Autor fand das Protokollbuch und übergab es dem neu gegründeten Archiv für den Landkreis McNab und die Stadt Arnprior. Die Eintragungen in diesem Schriftwerk sind ein lustiges Gemisch aus Deutsch und Englisch, wobei zum Beispiel die Wörter *teacher* (Lehrerin) als Thietscher, *minutes* (Protokoll) als Minnits, und hours (Stunden) als Auers erscheinen.[104] Die ersten „*Trustees*" (Vorstandsmitglieder) der SS (*School Section*) 15 waren C.F. Scheel, W. Schubring, Ferdinand Runz und John Bradley. Etwa die Hälfte der 30-35 Schüler hatten deutsche Familiennamen. Obwohl die Schülerschaft um 1926 auf 22-25 geschrumpft war, blieb der Anteil deutscher Namen derselbe.

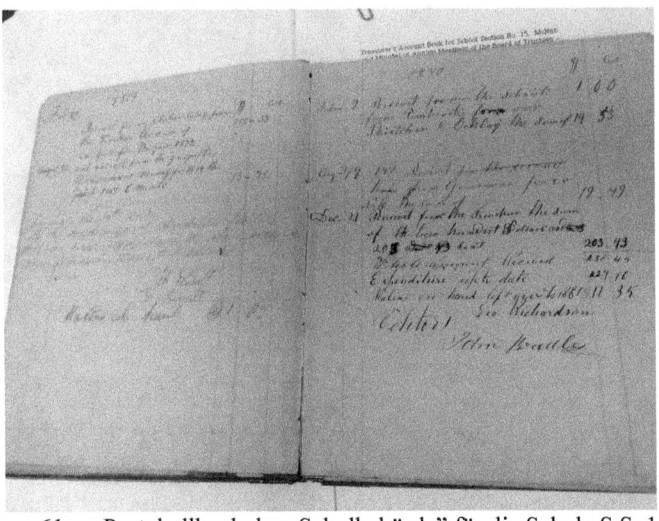

Abbildung 61: Protokollbuch der „Schulbehörde" für die Schule S.S. 15, Landkreis McNab.

[104] Das Protokollbuch befindet sich in einer Sammlung im Archiv, das heute *Arnprior and McNab/Braeside Archives* heißt (in der Stadt Arnprior).

Abbildung 62: Das Schulhaus von German Settlement im Landkreis McNab. Die 1878 gebaute Blockhaus-Schule wurde 1976 in den Museumspark „Waba Cottage" im Dorf White Lake überführt. Hier dient sie als Beispiel eines der 15 „*One-Room Schoolhouses*", die über den Landkreis verstreut waren, bis 1967 eine große zentrale Elementarschule [Public School] eröffnet wurde. (Foto: Autor)

Kurz nach Einweihung der ersten lutherischen Kirchen im Ottawatal durch die Pittsburgh-Synode erreichte die Spaltung der Lutheraner in den USA auch Kanada. Die Missouri-Synode war in den USA in den 1840er Jahren gegründet worden. Im Ottawatal wurde Pastor Gerndt von Geistlichen abgelöst, die jeweils nur kurz blieben. Im Jahre 1873 gründeten dreizehn Familien im Bereich von Locksley eine neue Gemeinde - *Grace Lutheran Church* - und wendeten sich an die Missouri-Synode, um einen Pastor zu beantragen. Damit spalteten sich die lutherischen Gemeinden im Ottawatal. Wie Tabelle 4 zeigt, bestand die Spaltung 1984 immer noch. So waren im Jahre 1983 die nahezu 10.000 konfirmierten Mitglieder lutherischer Kirchen im Ottawatal unter vier verschiedene Synoden aufgeteilt. Unbekannt ist, wie viele noch nicht konfirmierte Kinder diese Familien hatten.

Manchmal bedrohte die Spaltung die sonst so friedlichen deutschen Gemeinden. In einigen Fällen gab es sogar innerhalb der Familien Spaltungen, wobei manche Familienmitglieder eine Missouri-Kirche auf einer Straßenseite besuchten und der Rest die Kirche der Canada-Synode, der Nachfolgerin der Pittsburgh-Synode, auf der anderen Straßenseite. Als *St. Paul's* in Locksley und *St. Stephen's* in Alice niederbrannten, kursierten Gerüchte über Brandstiftung. Bei einem Streit um den Besitz von Kircheneigentum der *St. John's Bonnechere*-Kirche wurde ein Mann niedergetrampelt und so schwer verletzt, dass er mehrere Tage später starb.[105]

Viele Informationen über die Geschichte der lutherischen Kirchen und der deutschen Siedlungen im Ottawatal überhaupt ist in den Jubiläumsbüchern und anderen Kirchenveröffentlichungen enthalten, von denen einige im Literaturverzeichnis unter der Abkürzung JU aufgeführt sind.

Dass die deutschen Siedler im Bezirk Renfrew und anderswo im Ottawatal ihre traditionelle Kultur noch lange nach der Einwanderung pflegten, geht auch daraus hervor, in welchem Stil sie die Möbel und Gebrauchsgegenstände gestalteten, die sie hier herstellten. Laut H. Pain[106] war der deutsche Einfluss auf den volkstümlichen Möbelstil im Bezirk Renfrew sehr deutlich. So soll es gute Beispiele von Schränken, Tischen, Stühlen und anderen Gegenständen geben, die im Ottawatal hergestellt wurden. Das in Pains Buch abgebildete „besonders schöne Spinnrad" wurde allerdings höchstwahrscheinlich aus Deutschland mitgebracht. Jedenfalls entspricht es dem Stil der in Deutschland im 19. Jahrhundert üblichen fußangetriebenen Flügelspinnräder, die viel kleiner waren als die damals in Kanada verwende-

---

[105] Ward, Rev. Ken, 1976 und Pembroke Observer, 1964.
[106] Pain, H.

ten handangetriebenen Spindelspinnräder oder Großspinnräder (*Great Wheels*). Ein solches kunstvoll gedrechseltes deutsches Spinnrad galt armen Landarbeiterfamilien als ein wertvoller Besitz. Aufgrund seiner geringen Größe war es auch verhältnismäßig leicht auf der Reise mitzubringen (siehe Abb. 56: deutsches Flügelspinnrad).

Abbildung 63: Sauerkrauthobel im *McDougall Mill Museum* in Renfrew. Foto: Autor.

Material über die Entwicklung der deutschen Siedlungen im Bezirk Renfrew wurde auch von der Autorin Brenda Lee-Whiting zusammengetragen, deren Buch, „*Harvest of Stones*" einige Monate nach Veröffentlichung der kanadischen Ausgabe dieses Buches in Toronto erschien. Sie lenkte z.B. die Aufmerksamkeit ihrer Leser auf Möbel, Werkzeuge und andere Gebrauchsgegenstände, in deren Stil und Gestaltung sie deutsche Wurzeln zu erkennen glaubte. Wie u.a. Wolfgang J. Helbich 1990 in einer Buchbesprechung betonte[107], ist ihr Buch „voller Fehler, Unstimmigkeiten und Missverständnisse, irrtümlichen und unzuverlässigen Angaben über die Herkunft der Einwanderer und die damalige Situation in Deutschland. Es enthält nichts von Interesse für Historiker in Bezug auf soziale und ethnische Studien oder Auswanderungsgeschichte. Es hat nichts mit Geschichtswissenschaft zu tun..."[108]

Im Laufe seiner Feldforschung in den 1980er Jahren auf beiden Seiten des Ottawa traf der Autor auf zahlreiche Objekte, die an die deutsche Herkunft der Siedler erinnern. Es gibt bisher noch keine Bestrebungen, solche Gegenstände zu sammeln und zentral auszustellen. Man könnte sich vorstellen, eine Ausstellung der relevanten deutschen Volkskunst, von Fotos, Dokumenten usw. zusammenzustellen und dabei entweder mit bereits existierenden Museen und Archiven zusammenzuarbeiten (z.B. *Ethnic Archives of the Ontario Archives* in Toronto, *Ethnic Archives* in *Library and Archives Canada* in Ottawa; *Champlain Trail Museum*, Pembroke) oder eine selbstständige Ausstellung auszurichten. Bei einem Besuch des von der *Ottawa Valley Historical Society* betriebenen *Champlain Trail*-Museums in Pembroke konnte der Autor 2018 feststellen, dass es fast keine Hinweise auf die deutsche Einwanderung ins Ottawatal bzw. die außerordentlich starke Präsenz deutschsstämmiger Bewohner enthält. Eine der wenigen Ausnahmen ist der „Democrat" von Pastor Gerndt (Abb. 45). Die Archivarin des Museums, die selbst deutscher Abstammung ist, bedauert diesen Umstand und kann sich vorstellen, dass dieser Mangel vielleicht in Zukunft durch Spenden behoben werden könnte.

---

[107] Buchbesprechung von Professor Dr. Wolfgang J. Helbich, Ruhr-Universität Bochum, Zeitschrift der Gesellschaft für Kanada-Studien, 1990, Band 17, S. 134-135, Karl Wachholtz-Verlag, Neumünster.

[108] Während Lee-Whiting vorwiegend an der Entwicklung der deutschen und kaschubischen Siedlungen im Bezirk Renfrew (nach der Einwanderung) interessiert war, befasst sich dieses Buch hauptsächlich mit den Gründen für diese gezielte Migration in Kanada und Deutschland, mit den Werbungsmethoden sowie mit der Überfahrt und Ankunft der Einwanderer im Oberen Ottawatal.

Tabelle 4: Lutherische Kirchen im Ottawatal im Jahre 1983 (nach dem vom *Lutheran Council* in Winnipeg 1983 herausgegebenen „Verzeichnis lutherischer Kirchen in Kanada").

Ort	**Gemeinde**	**Gegründet**	**Kirchenverband***	**Konfirmierte Mitgieder 1983**	
Region Ottawa					
Stadt Ottawa	All Saints	1962	LCA	233	
	Faith	1961	ELCC	256	
	Martin Luther	1965	LCA	200	
	Mount Calvary		M	260	
	Our Saviour	1951	M	288	*Stadtteile von Ottawa:*
	St. John	1895	ELCC	262	New Edinburgh
	St. Luke's	1914	M	300	New Edinburgh
	St. Paul's	1874	W	418	Sandy Hill
	St. Peter's	1910	LCA	557	
Kanata	Christ Risen	1970er Jahre	M	122	
Nepean	Divine Word	1970er Jahre	W	39	
Orleans	Abiding Word	1970er Jahre	W	75	
Ottawatal (ON)					
Alice	St. Peter's	1866	LCA	290	
Arnprior	St. John's	1889	LCA	203	
Augsburg	St. John's	1862	LCA	126	Diese beiden Kirchen sind an derselben
Augsburg	Zion	1974	M	195	Straßenkreuzung
Bonnechere	St. John's	1863	LCA	91	Bei Germanicus
Deep River	Faith		LCA	158	
Denbigh	St. Paul's	1861	LCA	49	
Eganville	Grace	1888	LCA	678	
Eganville	St. Luke's	1887	M	145	
Germanicus	St. John's	1860	ELCC	213	
Palmer Rapids	First	1889	M	25	
Palmer Rapids	St. Stephens	1887	LCA	246	
Stadt Pembroke	Christ	1883	M	274	Im Landkreis Petawawa
	Grace	1873	M	342	Locksley im Landkreis Fraser
	Redeemer		W	9	
	St. John's	1891	M	913	

	St. Timothy's		LCA	405	
	Zion	1883	LCA	1,354	Größte Lutherische Gemeinde im Ottawatal (fünftgrößte Kanadas)
Petawawa	St. John's	1867	LCA	384	
Rankin	Grace	1863	LCA	104	
Renfrew	St. James	1891	LCA	112	
Woito	Bethlehem		LCA	60	
Ottawatal (Quebec)					
Buckingham	Redeemer	1948	M	47	
Gatineau	Living Saviour	1983	M	13	
Inlet	St. Matthew's	1878	M		
Ladysmith	St. John's	1875	LCA	128	
Poltimore	Our Shepherd		W	23	
Poltimore	St. Paul's	1881	M	76	
Schwartz	Zion	1914	LCA	113	

LCA = *Lutheran Church in America - Canada Section*
ELCC = *Evangelical Lutheran Church of Canada*
M = *Lutheran Church Canada (Missouri Synod)*
W = *Wisconsin Evangelical Lutheran Synod*

Am 1. Januar 1986 haben sich die Evangelical Lutheran Church of Canada (ELCC) und die Lutheran Church in America-Canada Section (LCA) zur Evangelical Lutheran Church in Canada (ELCIC) zusammengeschlossen.

Als die Forschung für dieses Buch im Jahre 1980 begann, stellte der Autor fest, dass veröffentlichte Informationen äußerst knapp waren und dass es sehr schwierig war, Informationen über dieses wichtige, aber nahezu völlig vernachlässigte Segment der kanadischen Geschichte zu finden und zusammenzutragen. Daher bestand eine der ersten Aufgabe des Autors darin, nach schriftlichen Aufzeichnungen und Dokumenten jeglicher Art zu suchen, die sich mit der deutschen Einwanderung ins Ottawatal im 19. Jahrhundert befassten. Das im Laufe der Studie gefundene und geordnete Material wurde nach Veröffentlichung des kanadischen Buches anderen Forschern zur detaillierteren Auswertung zur Verfügung gestellt. Viele der dort aufgeführten Quellen befinden sich in Form von Abschriften und/oder Kopien in der Sammlung, die der Autor dem kanadischen Bundesarchiv (heute *Library and Archives Canada* genannt) in Ottawa zur Verfügung gestellt hat (Sammlung Nr. R9307-0-9). Andere Dokumente wurden der *Multicultural History Society of Ontario* zur Übergabe an das Archiv der Provinz Ontario (*Ontario Archives*) in Toronto übergeben.[109] Auch das gemeinsame Archiv der Gemeinden Arnprior, McNab und Braeside in Arnprior enthält eine umfangreiche Sammlung von schriftlichen und fotografischen Unterlagen (einschließlich Negativen), die der Autor dort deponiert hat.

Zu den prominenten deutschen Einwanderern in der Stadt Ottawa gehörte der Architekt W.E. Noffke. Er wurde am 9.4.1877 in Stolp (Pommern) geboren. Als er sieben Jahre alt war, wanderte er mit seiner Familie nach Ottawa aus. Bis zu seinem 14. Lebensjahr besuchte er die deutsche Schule der St. Pauls-Kirche an der Wilbrod Street. Auf Anraten des dortigen Pfarrers ging er im Architekturbüro Adam Harvey in die Lehre. Noffke erhielt keine akademische Ausbildung als Architekt, denn das war in Kanada noch nicht möglich. Da er sich

[109] Fond 1405. Reference code: Series F 1405-60.

nicht leisten konnte, in den USA oder in Europa zu studieren, befasste er sich zusätzlich zu einer Lehre mit dem Studium der Kunst und des Kunstgewerbes. Der vielseitige Architekt hinterließ etwa 200 mit viel Liebe zum Detail entworfene und ausgestattete Gebäude, die überall in der Stadt verstreut sind.

Abbildung 64: Werner Ernst Noffke: Ottawas Architekt. Quelle: https://www.goethe.de/ins/ca/de/kul/sup/dsk/dso/wen.html

8 Zahlen

Als Teil dieser Forschung versuchte der Autor Anfang der 1980er Jahre, die zahlenmäßige Entwicklung der im Ottawatal ansässigen deutschstämmigen Bevölkerung festzustellen. Die ungenauen und sehr zweifelhaften Schätzungen von H. Lehmann (1931) wurden dabei nicht berücksichtigt. Lehmann glaubte nämlich, eine sehr große Anzahl der Deutschen im Ottawatal sei kurz nach ihrer Ankunft wieder abgewandert. Diese Ansicht teilte auch B. Halsig (1981), die jedoch keine eigenen Beweise dafür aufführte, sondern sich auf Lehmann berief. Lehmann schrieb, obwohl „ein gewisser Anteil der Menschen bei jedem Kolonisierungsversuch entmutigt" wurde, sei die Situation im Bezirk Renfrew einmalig gewesen:

> „Eine derartige Verzweiflung und Flucht, wie sie die Deutschen (im Bezirk Renfrew) in den 60er Jahren ergriff, steht jedoch in der Geschichte der deutsch-kanadischen Siedlungen vereinzelt da."

Weil die Einwanderungszahlen der neuen Regierung in Ottawa von 1870 angaben, dass ca. 5000 Deutsche durch die Stadt Ottawa in den Bezirk Renfrew geschleust wurden, während der Census von 1871 nur 2318 Personen deutscher Herkunft im Bezirk Renfrew verzeichnete, kam Lehman zu dem Schluss, mehr als die Hälfte der Einwanderer sei „aus Verzweiflung geflohen".

Der Autor dieses Buches nimmt jedoch an, diese zahlenmäßige Nichtübereinstimmung kann als ein „Verlust nur auf dem Papier" bezeichnet werden. Es stimmt zwar, dass der Census von 1871 nur 2318 „Deutsche" verzeichnet. Die Erklärung dürfte sich jedoch einfach aus der Erhebungsmethode erklären, mit der dieser Census die ethnische Herkunft befragte. Auch die Verständigung zwischen den „Zählern"

P. Hessel, *Ziel: Ottawa Valley*, https://doi.org/10.1007/978-3-658-31571-9_9

und den Befragten dürfte in dieser Beziehung schwierig gewesen sein. So bestand zum Beispiel - nicht nur bei den kanadischen Behörden, sondern auch bei den Siedlern selbst - viel Verwirrung über Begriffe wie „Preußen und die Preußen", „Königreich Preußen", „Provinz Preußen", „Preußisch-Polen", „preußische Polen" usw., als Staatsangehörigkeit. Wahrscheinlich wurden viele Deutsche, die aus „Preußisch-Polen" (d.h. aus Westpreußen einschließlich Danzig) stammten, als Polen gezählt. Der Autor konnte auch nicht feststellen, ob dieser Census „Preußen" überhaupt als ethnische Herkunft enthielt. Jedenfalls war bereits aus dem nächsten Census (1881) eine Anpassung der Zahlen an die tatsächliche Situation ersichtlich. Der Unterschied zwischen einer Einwanderung von 6600 und den als „Deutsche" gekennzeichneten Menschen im Bezirk Renfrew war jetzt nur noch 1769, und im Jahre 1901 hatte sich dieser Unterschied sogar auf 959 verringert. Selbst wenn man eine hohe Geburtenrate und eine niedrige Sterberate voraussetzt, scheint diese Entwicklung zu beweisen, dass sich die Census-Zahlen allmählich an die eigentliche ethnische Zusammensetzung der Bevölkerung „angepasst" hatte.

Bei Unterhaltungen des Autors mit den Nachkommen deutscher Einwanderer im Ottawatal kam (und kommt) es häufig vor, dass Leute erzählen, ihre Vorfahren seien keine Deutschen, sondern „*Prussians*" (Preußen) gewesen, und außerdem hätten sie ja auch gar kein Deutsch, sondern „Low German" (Plattdeutsch) gesprochen. Es stimmt auch, dass die Einwanderer vor 1871 keine deutschen, sondern preußische, mecklenburgische und andere Staatsangehörige waren. Ein „Deutschland", d.h. ein Deutsches Reich, gab es erst seit 1871 (wieder). Dazu kommt die Verwirrung unter den Nachkommen der Einwanderer, die dadurch entstand, dass die meisten der ehemals preußischen Gebiete nach dem 2. Weltkrieg polnisch wurden.

In Preußen scheint es in den 1850er und 1860er Jahren keine Reisepässe oder andere offizielle Reisepapiere für Auswanderer gegeben zu haben, aus denen die kanadischen Behörden hätten sehen können, welche Staatsangehörigkeit zutraf. Erst am 1.1.1868 trat das „Gesetz über das Paßwesen" im Namen des Deutschen Bundes in Kraft, dessen Paragraph 1 lautete:

„[1] Bundesangehörige bedürfen zum Ausgange aus dem Bundesgebiet, zur Rückkehr in dasselbe, sowie zum Aufenthalte und zu Reisen innerhalb desselben keines Reisepapiers.
[2] Doch sollen ihnen auf ihren Antrag Pässe oder sonstige Reisepapiere ertheilt werden, wenn ihrer Befugniß zur Reise gesetzliche Hindernisse nicht entgegenstehen."[110]

Da die beiden Mecklenburgischen Fürstentümer zum Deutschen Bund gehörten, wird es wahrscheinlich auch dort keinen Passzwang gegeben haben, aber Auswanderer aus Mecklenburg hatten wohl weniger Schwierigkeiten in Kanada, ihre Staatsangehörigkeit als „Deutsch" zu bezeichnen.

In den 1850er und 1860er Jahren verlangten die Einwanderungsämter in den kanadischen Häfen weder Reisepässe noch ähnliche Papiere von den Einwanderern. Sie prüften lediglich die von den Reedern angelegten Passagierlisten der Schiffe, aber ohne eigene Listen anzufertigen, die Namen oder die genaue Staatsangehörigkeit der Einwanderer enthalten hätten. Die deutschen Passagierlisten verzeichneten zwar das „Land" eines Einwanderers, legten aber keinen Wert auf eine genaue Angabe der jeweiligen Provinz. Häufig genügte die Bezeichnung „Preußen".

Bei persönlichen Gesprächen und Interviews mit deutschstämmigen Bewohnern im Bezirk Renfrew erfuhr der Autor, dass manche deutsche Familien in den 1870er und 1880er Jahren „in die Prairies" (die heutigen Provinzen Manitoba und Saskatchewan) abwanderten. Es wäre aber abwegig, diese geringe Migration als „Flucht" zu bezeichnen. Es war damals eine allgemeine Entwicklung, dass kanadische Farmer - eingewanderte wie auch in Kanada geborene Menschen jeglicher Herkunft - aus allen Teilen Ostkanadas in den Westen zogen, wo sie sich günstigere Chancen erhofften.

H. Schimmelpfennig, Pastor an der St. Paul's Lutheran Church in Poltimore (Bezirk Labelle, in Quebec), schrieb 1909, eine erhebliche Zahl deutscher Siedler aus seinem Gebiet sei in den 1870er Jahren

---

110 http://www.friedensvertrag.org/index.php/lexikon-2/413-gesetz-%C3%BCber-das-pa%C3%9Fwesen-vom-12-oktober-1867. Abgerufen: August 2018.

nach Michigan gezogen „aufgrund unüberwindlicher Schwierigkeiten wie dichte Wälder und steinige, sandige Böden ...“. Er gab aber keine Details an und nannte auch nicht die Quellen seiner Informationen.[111]

Mehrere deutsche Familien aus dem Bezirk Renfrew gründeten neue Siedlungsgemeinden nördlich von Temiskaming in Nordontario einschließlich Krugerdorf.[112] Diese Abwanderung geschah aber erst eine Generation nach der Zeit, über die Lehmann schrieb, nämlich Anfang des 20. Jahrhunderts und im Zuge der Erschließung eines neuen kanadischen Siedlungsgebietes.[113]

Es sind jedenfalls keinerlei Beweise dafür zu finden, dass in den 1860er oder 1870er Jahren eine starke Abwanderung der Deutschen aus dem Bezirk Renfrew stattgefunden hat. Auch Lehmanns Argument, die deutsche Einwanderung sei nach 1865 als Resultat der weitgehenden Unzufriedenheit scharf zurückgegangen, ist nicht überzeugend. Es gab andere wichtige Gründe, warum die deutsche Einwanderung ins Ottawatal abnahm:

• Das Ende des Amerikanischen Bürgerkriegs 1865 ließ die USA wieder als Hauptziel für Einwanderer erscheinen.
• Im seit 1867 bestehenden „*Dominion of Canada*“ gab es keine „*Free Land Grants*“ im Ottawatal mehr.
• Der direkte Linienverkehr zwischen den wichtigen deutschen Häfen und Quebec wurde 1871 eingestellt.
• Nach dem Deutsch-Französischen Krieg und der Reichsgründung verbesserten sich die Lebensbedingungen auch in Nordostdeutschland, und die Motivation zur Auswanderung ließ nach.
• Die kanadische Regierung lenkte die Einwanderung aus Europa hauptsächlich in die neu erschlossenen Prairiegebiete im Westen Kanadas (vorwiegend in die heutigen Provinzen Manitoba und Saskatchewan).

---

111 HF (20).
112 AA (15).
113 https://highway11.ca/content/temiskaming/krugerdorf/. Abgerufen: Juni 2018.

Im Census von 1981 wurde die ethnische Herkunft nach vier verschiedenen Kategorien unterschieden. Danach waren die Zahlen für den Bezirk Renfrew (Einwohner insgesamt: 86.545) wie folgt:

1. Nur deutscher Herkunft: 11.005 (12,7 %)
2. Teilweise deutscher Herkunft: 5625 (6,5 %)
3. Mehrfacher Herkunft (einschl. Deutsch)
4. Insgesamt deutscher Herkunft: 16.368 (18,9 %)

Der kleine Unterschied von 0,4 zwischen 19,2 % (1 plus 2) und 18,8 % (4) erklärt sich dadurch, dass die teilweise deutschstämmigen Bewohner, die nur „mehrfacher Herkunft" (3) angegeben hatten, anteilig abgezogen wurden. Es ist demnach richtig, für das Jahr 1981 davon zu sprechen, dass die zumindest teilweise deutschstämmige Bevölkerung im Bezirk Renfrew ca. 20 % betrug.

Die Frage auf dem Census-Formular lautete: „Zu welcher ethnischen oder kulturellen Gruppe gehörten Ihre Vorfahren, als sie auf diesen Kontinent kamen?"

An vielen Orten im Bezirk Renfrew waren die Anteile der Deutschstämmigen in den Kategorien „Nur deutscher Herkunft" und „Teilweise deutscher Herkunft" bedeutend höher als die im kanadischen Durchschnitt und im Durchschnitt der Provinz Ontario. Dagegen war der Anteil dieser Bevölkerungsgruppe in der Kategorie „Mehrfacher Herkunft" bedeutend niedriger:

	Nur Deutsch (%)	Teilweise Deutsch (%)	Mehrfacher Herk. (%)
Kanada	4,7	7,6	9,7
Ontario	4,4	9,1	13,8
Bezirk Renfrew	12,7	13,0	2,3
Stadt Pembroke	14,5	14,4	1,8
Alice & Fraser	32,2	18,7	1,9
North Algona	37,0	16,0	0,0
Raglan	55,0	11,5	0,5
Wilberforce	33,8	41,9	4,2

Es kann daher gefolgert werden, dass im Bezirk Renfrew und besonders in Gebieten mit starker deutscher Konzentration die Kategorie

„Mehrfacher Herkunft" einen bedeutend höheren Anteil an teilweise Deutschstämmigen aufweist als die für Kanada und Ontario.

Im Census von 2016 berichteten 22 % der Bevölkerung im Bezirk Renfrew, deutscher Abstammung zu sein. Unter den einzelnen Landkreisen hatten North Algona-Wilberforce 47 %, Brudenell, Lyndoch und Raglan je 41 %, Killaloe, Hagarty und Richards je 25 % und Madawaska Valley 19 %.[114]

Natürlich sind nicht alle Menschen deutscher Abstammung im Bezirk Renfrew Nachkommen der im 19. Jahrhundert eingewanderten Deutschen. Auch im 20. Jahrhundert sind viele Deutsche in den Bezirk gekommen, besonders in die Stadt Pembroke nach dem 2. Weltkrieg. Die Zahl dieser „Neueinwanderer" ist aber nicht bedeutend genug, um das Bild der oben beschriebenen Bevölkerungsentwicklung zu verzerren.

Im 20. Jahrhundert fand eine sehr starke deutsche Einwanderung in die Stadt Ottawa statt, schon vor dem 1. Weltkrieg, dann in den 1920er Jahren - bis zum Ausbruch der Weltwirtschaftskrise 1929. Zwischen 1951 und 1960 kam es zu einer sehr starken deutschen Migration nach Kanada, und Ottawa bildete keine Ausnahme. Der Versuch wäre daher äußerst schwierig, die Nachfahren jener rund 1300 Deutschen zu schätzen, die laut Regierungsangaben zwischen 1861 und 1891 in die Stadt Ottawa kamen. Eine Untersuchung der schon sehr frühen deutschen Präsenz in Ottawas Stadtteilen New Edinburgh und Sandy Hill wäre interessant und könnte vielleicht mit einer Studie der gesamten deutschen Einwanderung in Kanadas Hauptstadt verbunden werden. Ein weiterer Faktor ist zu berücksichtigen: Aller Wahrscheinlichkeit nach sind im Laufe der Jahre sehr viele Deutschstämmige aus dem Oberen Ottawatal in die Hauptstadtregion (*National Capital Region*) gezogen, besonders seit dem 2. Weltkrieg. Der Autor hat mehrere Familien deutscher Herkunft kennengelernt, die in Ottawa wohnen und deren kanadische Wurzeln im Bezirk Renfrew sowie in der Gegend von Ladysmith im Bezirk Pontiac (Provinz Quebec) liegen.

---

[114] Blog von Mark Woermke, 24. Oktober 2018.

9 Die Suche nach der *Deutschen Post*

Sowohl H. Lehmann als auch H.K. Kalbfleisch[115] erwähnten, dass die *Deutsche Post,* eine deutschsprachige Wochenzeitung, im Ottawa Valley von 1901 bis 1916 „erschienen sein soll".[116] Diese Autoren besaßen kaum Informationen und konnten lediglich angeben, der lutherische Pastor in Arnprior, Bahne Peter Christiansen, sei Herausgeber und Redakteur dieser Zeitung gewesen. Sie schrieben auch, diese einzige deutsche Zeitung, die Lesern in Ost-Ontario und West-Quebec zur Verfügung stand, sei politisch unabhängig und so erfolgreich gewesen, dass Christiansen den Dienst als Geistlicher aufgab und sich vollzeitlich um die Redaktion der Zeitung kümmerte. Christiansen führte den Verlag ab 1905 in Pembroke weiter. Er starb 1908 im Alter von 45 Jahren. Sein Sohn leitete dann den Verlag, bis im Jahre 1916 in einer Woge antideutscher Gefühle „Angehörige der Miliz aus Petawawa" in Pembroke erschienen und „die Pressen zerschlugen" (anekdotische Information).

Nicht ein einziges Exemplar, nicht einmal ein Ausschnitt dieser Zeitung war je einem Historiker, Archivar oder Bibliothekar zu Gesicht gekommen. Das Bundesarchiv in Ottawa konnte keine Auskunft über die *Deutsche Post* erteilen, obwohl der Autor später feststellte, dass es dort bereits einen Mikrofilm gab mit Informationen über den Streit der Zeitung mit dem Pressezensor während des Ersten Weltkriegs.[117] Die Zeitungsabteilung der Nationalbibliothek (*National Library*) besaß Unterlagen, die angaben, wann und wo die *Deutsche*

[115] Kalbfleisch, H.K.
[116] Die älteste Ausgabe, die der Autor bis 1984 finden konnte, war vom 18. August 1904 (Vol. 2, Nr. 50). In dieser Ausgabe wurde angegeben, die Zeitung sei erstmalig auf regelmäßiger Basis im Sommer 1902 erschienen.
[117] MI (01).

P. Hessel, *Ziel: Ottawa Valley*, https://doi.org/10.1007/978-3-658-31571-9_10

Post erschienen war, hatte aber auch weder Exemplare noch Fragmente der Zeitung in ihren Sammlungen.

Abbildung 65: Pastor Bahne Peter Christiansen, Begründer, Verleger und Chefredakteur der Deutschen Post. Photo: *St. John's Evangelical-Lutheran Church*, Arnprior.

Der Autor vermutete, die Seiten dieser Zeitung könnten etwas Licht ins Dunkel der frühen Entwicklung der deutschen Siedlungen im Ottawa

Valley bringen. Er hoffte, Artikel, Berichte, Nachrichten, Mitteilungen, vielleicht sogar Fotos in den Seiten der Zeitung könnten unser Wissen über die deutschen Siedler vertiefen, etwas über ihre Integration in der kanadischen Umwelt, ihre sprachlichen und kulturellen Bemühungen und ihre Beiträge zum Gemeinschaftsleben aussagen.

Im Sommer 1981 schrieb der Autor eine Reihe von Artikeln für Wochenzeitungen im Ottawa Valley, für die Lokalseiten (*Valley Pages*) der Tageszeitung *Ottawa Citizen* sowie für die in Toronto herausgegebene, in ganz Kanada gelesene deutsch-kanadische Wochenzeitung *Courier*. Die Artikel enthielten eine kurze Übersicht über die deutschen Siedlungen im Ottawa Valley. Leser wurden aufgefordert, den Autor zu benachrichtigen, wenn sie Exemplare oder auch nur Ausschnitte aus den Seiten der *Deutschen Post* oder sonstige relevante Informationen haben sollten.

Etwa drei Wochen nach Erscheinen des ersten Artikels tauchten die ersten Exemplare der Deutschen Post auf. Der Besitzer hatte sie „zwischen einem Stapel alter Zeitungen und Zeitschriften" in einem Keller entdeckt. Bevor er den Artikel in der Wochenzeitung *Pembroke Advertiser* gelesen hatte, wusste er nicht, worum es sich bei diesen Blättern handelte und wie viel sein Fund Forschern und Historikern bedeuten würde.

Es dauerte nicht lange, bis insgesamt 13 verschiedene Ausgaben der Deutschen Post zum Vorschein kamen. Manche dieser Originale sind heute im Staatsarchiv der Provinz Ontario (*Archives of Ontario*) in Toronto. Manche befinden sich noch im Privatbesitz (siehe Tabelle 6). Der Autor weiß nicht, wie viele weitere Ausgaben seit dem Erscheinen der kanadischen Ausgabe dieses Buches 1984 gefunden wurden und wo sie sich heute befinden. Eine Internetsuche ergab leider keine Informationen. Da Deutsche Post der Name des 1995 aus der „Deutschen Bundespost" hervorgegangenen deutschen Logistik- und Postunternehmens ist, beziehen sich alle Online-Hinweise nur darauf. Die Website http://www.press-guide.com/canada.htm - Deutsche Zeitungen in Kanada - enthält nur eine Liste der gegenwärtig in Kanada herausgegebenen deutschen Blätter (Abgerufen: August 2018).

In search of the "Deutsche Post" and German heritage

by Peter D K Hessel

The German language newspaper "Deutsche Post" was published in Arnprior from 1901 to 1905 and in Pembroke from 1905 to 1916 by the Christiansen family. During World War I it became a victim of anti-German feelings. Not a single copy of this newspaper has been found by historians or archivists.

About 20% of the population in Renfrew County is of German ethnic origin. Many of these approximately 20-25,000 people can trace their origin to a fairly homogenous group of 900-1000 immigrants who entered the Upper Ottawa Valley from the eastern regions of Prussia (Pommerania, Brandenburg, Danzig, Posen, etc) between 1858 and 1863.

The Renfrew County Germans were largely of peasant stock, landless farmers who had worked for feudal landowners in some of the poorest areas of what later became the German Empire. They were an easy target for Canadian immigration agents whose mission it was to recruit settlers for Upper and Lower Canada.

The Prussian government of the day was very much opposed to let these people go. The owners of the large estates — influential lobbyists — did not want to lose their labourers. The Prussian army did not want to lose potential recruits. And there was genuine concern that emigrants to "America" would suffer many hardships and would be exploited by unscrupulous agents, shipping companies and settlement companies.

opposition, Canadian immigration agents managed to convince hundreds of Germans to leave their ancestral homes and to settle in the Ottawa Valley where grants were made available by the government of the Province of Canada.

As soon as the first families had arrived and built their primitive homesteads in the wilderness of Renfrew County, they contacted friends, neighbours and relatives in Germany. A steady stream of "secondary immigration" resulted and continued until well into this century. Nor was the German immigration to the Ottawa Valley restricted to Renfrew County. In the 1870's and 80's, many German families settled on the Lower Canada side of the Valley, in Pontiac County, Labelle County, and in the city of Ottawa.

Almost all of these Germans were Lutherans. As early as 1861, the "Canada Conference" of the Pittsburgh Synode sent an "exploring missionary", Pastor Ludwig H Gerndt, to the Upper Ottawa where he founded a number of congregations. Within a few years, Lutheran churches were established throughout the Ottawa Valley.

A Lutheran minister, Bahne Peter Christiansen, who was born in Schleswig-Holstein, served the German community in Arnprior. By the turn of the century, the German population in Renfrew County had reached 10,000 people. Christiansen decided to publish a newspaper for them and called it the "Deutsche Post" (German Mail). He not only published it, but he also served as editor. He is said to have "addressed himself with vigour" to his German readers, and he pointed out that the "Deutsche Post" was the only

Quebec.

The politically independent paper was such a success that its publisher decided to resign his ministry and to devote himself full-time to the publishing business.

The paper began as an eight-page weekly of six columns per page. Its size was 22 x 15 inches (55 cm x 37.5 cm). The subscription price was initially one dollar a year. From 600 subscribers it grew past the 1000 mark by 1905. Christiansen decided to move the paper to Pembroke, where most of the German population of the Ottawa Valley was situated.

The "Deutsche Post" reached its maximum circulation between 1912 and 1913, when 1400 copies were distributed. But its founder died on December 2, 1908 at the age of 45. His son, Emil B Christiansen, succeeded him and continued publishing the paper until in 1916 it succumed to anti-German sentiment.

Not much more is known about the "Deutsche Post". Not a single copy, not even a clipping has come to the attention of historians and archivists. The Public Archives of Canada, the Ontario Archives, the Multicultural History Society of Ontario, and local museums and archives would all be delighted to include a copy or copies, or even fragments in their collections.

Moreover, information contained in the pages of the "Deutsche Post" could shed light on the early historical development of the German ethnic group in the Ottawa Valley. No doubt, articles, editorials, announcements, photographs and advertisements published in this paper would greatly enhance our knowledge about these German pioneers, about their adjustment to Canadian life, their

the contribution they have made to what has become the typical Ottawa Valley mode of life.

Where can traces of this newspaper be expected to have survived? Newspapers are not as a rule kept for a very long time. "As stale as yesterday's newspaper" is a well-worn cliché. Very few people would have saved these old papers for their own sake. It is more likely that they are found in connection with the "secondary purposes" of newspapers: as wrapping material, as backing for wallpaper, etc.

Clippings of individual stories or pictures may, of course, have survived in scrap books, albums, files, or as inserts in books.

Anyone discovering what may be part of the German newspaper "Deutsche Post" is asked to contact the writer who collects on behalf of the Ontario Archives and the Public Archives of Canada, or to contact these archives directly.

Persons who discover old newpapers under wallpaper should not attempt to remove them. Archivists have developed special methods of preservation for such purposes.

In addition to his search for copies or fragments of the "Deutsche Post", the writer is also interested in all other information — documents, correspondence, diaries, photographs, books, etc — relating to the immigration and early settlement of Germans to the Ottawa Valley, on both sides of the river.

Anyone with information is asked to contact:

Abbildung 66: In einer Artikelreihe, die 1981 in mehreren kanadischen Zeitungen erschien, appellierte der Autor an Leser, ihm bei seiner Suche nach der *Deutschen Post* zu helfen.

Bei genauer Betrachtung stellte der Autor fest, dass die Deutsche Post typisch für alle damaligen ethnischen Zeitungen (und kanadischen Lokalzeitungen) war. Die meisten Texte in der Deutschen Post waren Kopien von Artikeln aus anderen Quellen, zumeist Presseberichten aus deutschen und deutsch-amerikanischen Zeitungen. Es gab auch Berichte aus der Gegend von Kitchener-Waterloo in Südontario. Die älteste Ausgabe der *Deutschen Post* (noch in Arnprior herausgegeben) trug das Datum vom 18. August 1904. Auf der Titelseite stand ein Bericht über den Krimkrieg ("Vernichtende Niederlage der beiden russischen Flotten"). Drei der sechs Spalten auf der Titelseite bestanden aus Anzeigen. Auf Seite 2 erschien der Fortsetzungsroman „Von Zweien geliebt" und auf Seite 3 unter der Rubrik „Humoristisches" wurde eine Reihe von Witzen geboten. Das Impressum zeigte, dass die Zeitung jeden Donnerstag erschien und dass ein Abonnement einen Dollar im Jahr kostete. Da diese Ausgabe als Jahrgang 2, Nr. 50 bezeichnet wurde, dürfte sie wohl anfangs häufiger als einmal wöchentlich erschienen sein. Chefredakteur Bahne Peter Christiansen verwendete das Pseudonym Hans Post für seinen Leitartikel auf der redaktionellen Seite 4. Die Zeitung wurde in Arnprior auf der Madawaska Street (eine der Hauptstraßen der Kleinstadt im Osten des Bezirks Renfrew) herausgegeben.

Deutsche Post.

2. Jahrgang. No. 50. — Arnprior, Renfrew Co., Ont., Donnerstag, den 18. August, 1904.

Großer Gelegenheitskauf in Kleiderstoffen.

Am Sonnabend, den 13. Aug.,

Haufen No. 1.— 10c.

Haufen No. 2 — 25c.

Haufen No. 3. 35c.

Haufen No. 4 48c.

Gebr. Weld,

„Dorothy Dodd“.

F. S. Fraser,

Erntebindfaden

Die besten Sorten

Dunlop & Company,

Wir hassen es euch zu stören,

Jetzt ist es Zeit,

zu kaufen und zu sparen

Jas. R. Lockhart

Nähmaschinen.

E. H. Gardner,

Vernichtende Niederlagen der beiden russischen Flotten.

Ein russischer Thronerbe geboren.

W. C. T. Beibel

Hochzeitsgeschenke

eine große Auswahl

Preise mäßig

Stiefel und Schuhe repariert

Prompt und gut zu annehmbaren Preisen

Gebr. Krieve

Ottawa Business College

Abbildung 67: Titelseite der Deutschen Post vom 18. August 1904 (Jahrgang 2, Nr. 50).

Herabgesetzte Preise für August-Verkauf.

R. Delahey & Co. Pembroke.

Nachrichten aus dem Distrikt.

Montreal. Wilberforce. Renfrew. Arnprior. Whitney. Golden Lake. Palmer Rapids. Alice. Briefkasten. Herbst-Ausstellungen. Humoristisches.

Budd's Magische Salbe heilt unter Garantie

Renfrew Muster Ausstellung

28. 29. u. 30. Sept. '04

.... Eben erhalten ....

eine große Sendung von

Lundin's Wachholderbeeren-Syrup.

J. Lehmann

Pembroke, Ontario.

Abbildung 68: Seite 3 der Deutschen Post vom 18. August 1904. Die Lokalseite enthielt „Nachrichten aus dem Distrikt" - aus den deutschen Siedlungen im Oberen Ottawa Valley -, „Humoristisches" sowie Anzeigen.

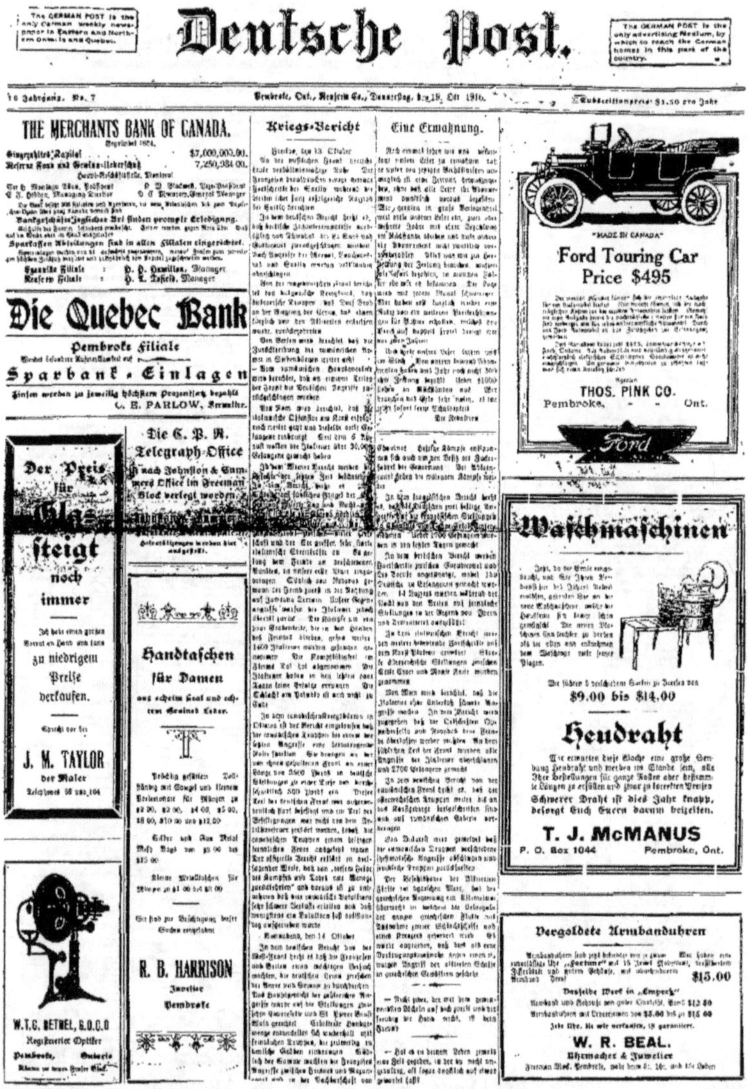

The GERMAN POST is the only German weekly newspaper in Eastern and Northern Ontario and Quebec.

Deutsche Post.

The GERMAN POST is the only advertising Medium, by which to reach the German homes in this part of the country.

16 Jahrgang. Nr. 7 — Pembroke, Ont., Renfrew Co., Donnerstag, den 19. Okt 1916. — Subscriptionspreis $1.50 pro Jahr

THE MERCHANTS BANK OF CANADA.

Die Quebec Bank

Pembroke Filiale

Sparbank-Einlagen

C. E. PARLOW, Verwalter.

Kriegs-Bericht

Eine Ermahnung.

Die C. P. R. Telegraph-Office

Der Preis für Glas steigt noch immer

zu niedrigem Preise verkaufen.

J. M. TAYLOR der Maler

Handtaschen für Damen

R. B. HARRISON Juwelier Pembroke

W. T. G. BETHEL, B. O. O. O Registrierter Optiker Pembroke, Ontario

"MADE IN CANADA"

Ford Touring Car Price $495

THOS. PINK CO. Pembroke, Ont.

Ford

Waschmaschinen

$9.00 bis $14.00

Heudraht

T. J. McMANUS P. O. Box 1044 Pembroke, Ont.

Vergoldete Armbanduhren

$15.00

W. R. BEAL. Uhrmacher & Juwelier

Abbildung 69: Titelseite der Deutschen Post vom 19. Oktober 1916 (Jahrgang 16, Nr. 7). Die Nummer 7 scheint anzudeuten, dass bis Oktober erst sieben Ausgaben erschienen waren.

Abbildung 70: Hier wurde die Deutsche Post 1909 bis 1916 veröffentlicht (Pembroke Street in Pembroke - seit 1861 Hauptstadt des Bezirks Renfrew). Photo: Autor.

Old paper helps trace history of Germans in Upper Valley

As often as people might use the old saw, *There's nothing as stale as yesterday's news*, there are those who find yesterday's newspapers to be of great value.

Such was the case last month during a study of the ethnic history of the Ottawa Valley by an Ottawa historian.

Peter Hessel, working with a grant from the federal ministry of multiculturalism and the Multicultural History Society of Ontario, made such a discovery while probing German immigration to the Valley during the 19th century.

Despite a reference card listing in the National Library and searches by other interest parties, there appeared to be no trace of the *Deutsche Post*, published between 1901 and 1916 in Arnprior and Pembroke.

No trace, that is, until Hessel had an appeal published in some of the Valley weeklies. Where countless personal interviews had failed, the articles caught the eye of Terry Kohls of Pembroke.

A collector of memorablia himself, Kohls had acquired "from under a pile of rubble" seven complete issues of the *Deutsche Post* representing the years 1904 through 1908, and 1915.

Hessel hails the discovery as a "major event" in Canadian ethnic history which he expects to be deposited in the archives.

Information contained in the seven issues, says Hessel, will enable historians to shed light on the early development of the German ethnic group in the Ottawa Valley. "Articles, editorials, news items, announcements and advertisements all greatly enhance our knowledge about these pioneers," he says.

Hessel's own work has determined that the paper was founded by a Lutheran minister, Bahne Peter Christiansen, who came to Arnprior from Schleswig-Holstein. As the German population in Renfrew County had reached about 10,000, Christiansen decided to publish a newspaper for them.

The venture was such a success that he decided to resign the ministry and devote all of his time to the publishing enterprise.

The paper apparently reached its maximum circulation about 1912-1913, years after its founder had died.

In 1916, says Hessel, "it fell victum to anti-German feelings and soldiers entered the building on Pembroke Street and smashed the presses."

VALLEY

The Citizen, Ottawa, Tuesday, August 11, 1981, Page 3*

Abbildung 71: Artikel in der Tageszeitung „*Ottawa Citizen*" über die „Wiederentdeckung" der Deutschen Post. 11. August 1981, Seite 3.

Alte Zeitung hilft, die Geschichte der Deutschen im Oberen Ottawa Valley zu verfolgen

So oft man auch das alte Sprichwort hören mag: „*Nichts ist so langweilig wie die Nachrichten von gestern*", gibt es auch Leute, die alte Zeitungen für sehr wertvoll halten.

So geschah es letzten Monat einem Historiker in Ottawa, der die Geschichte einer ethnischen Volksgruppe im Ottawa Valley erforscht.

Dem Historiker Peter Hessel, der mit Forschungsbeihilfen vom Bundesministerium für Multikulturalismus und von der *Multicultural History Society of Ontario* arbeitet, gelang eine solche Entdeckung bei seiner Erforschung der deutschen Einwanderung ins Ottawa Valley im 19. Jahrhundert.

Trotz Erwähnung in der Nationalbibliothek und Suchaktionen durch andere Interessenten schien es keine Spur von der Zeitung Deutsche Post zu geben, die von 1901 bis 1916 in Arnprior und Pembroke herausgegeben wurde.

Keine Spur, bis Peter Hessel in mehreren Tages- und Wochenzeitungen danach suchen ließ. Nachdem zahllose Interviews vergeblich verlaufen waren, kam einer der Artikel Herrn Terry Kohls aus Pembroke zu Gesicht.

Kohls, selbst Sammler von Memorabilien, hatte „unter einem Haufen Müll" sieben vollständige Ausgaben der Deutschen Post von 1904, 1908 und 1915 gefunden.

Hessel bejubelt den Fund als „wichtiges Ereignis" in der ethnischen Geschichte Kanadas und hofft, die Zeitungen werden in ein Archiv gelangen.

In diesen Ausgaben aufzufindende Informationen werden Historikern ermöglichen, mehr Licht ins Dunkel der Frühgeschichte der deutschen Einwanderung ins Ottawa Valley zu werfen. „Leitartikel, andere Berichte und Nachrichten, Bekanntmachungen und Anzeigen geben uns nützliche Hinweise auf das Leben dieser Immigranten," sagt Hessel.

Seine eigene Arbeit hat gezeigt, dass die Zeitung vom lutherischen Pastor Bahne Peter Christiansen gegründet und verlegt wurde, der selbst aus Schleswig-Holstein nach Arnprior eingewandert war. Als die deutsche Bevölkerung allein im Bezirk Renfrew etwa 10.000 erreichte, entschloss Christiansen sich, eine deutsche Zeitung herauszugeben.

Wie Hessel berichtet, soll die Deutsche Post 1916 - während des 1. Weltkriegs - Opfer anti-deutscher Gefühle geworden sein. Soldaten seien in das Gebäude eingedrungen und hätten die Pressen zerstört.

Tabelle 4: Bis Oktober 1984 gefundene Ausgaben der Deutschen Post.

Datum	**Herausgegeben in**	**Zustand**	**Besitzer (1984)**
18.8.1904	Arnprior	Vollständig / Gut	Privat
18.8.1904	Arnprior	Vollständig / Gut	Archives of Ontario
13.4.1905	Arnprior	Vollständig / Gut	Archives of Ontario
13.4.1905	Arnprior	nur Titelseite	Privat
14.3.1907	Pembroke	Vollständig / Gut	Archives of Ontario
12.3.1908	Pembroke	Vollständig / Gut	Archives of Ontario
12.3.1908	Pembroke	Vollständig / Gut	Privat
1.7.1915	Pembroke	Vollständig / Gut	Archives of Ontario
12.7.1915	Pembroke	Vollständig / Gut	Archives of Ontario
21.10.1915	Pembroke	Vollständig / Gut	Autor
21.10.1915	Pembroke	Vollständig / Gut	Privat
25.11.1915	Pembroke	Vollständig / Gut	Privat
3.2.1916	Pembroke	Vollständig / Gut	Privat
24.8.1916	Pembroke	Vollständig / Gut	Privat
28.9.1916	Pembroke	Vollständig / Gut	Privat
12.10.1916	Pembroke	Vollständig / Gut	Privat
12.10.1916	Pembroke	Vollständig / Gut	Autor
19.10.1916	Pembroke	Vollständig / Gut	Privat

Bis zur Veröffentlichung der kanadischen Ausgabe des Buches im Jahre 1984 waren insgesamt 13 verschiedene Ausgaben gefunden worden. Manche befanden sich danach im staatlichen Archiv der Provinz Ontario und manche weiterhin im Privatbesitz. Der Autor hat nach Veröffentlichung des Buches dem Archiv der Provinz Ontario Kopien aller gefundenen Ausgaben sowie zwei weitere Originale (Duplikate) übergeben.

In der Ausgabe vom August 1904 nannte Christiansen seine Zeitung „die erste und einzige deutsche Zeitung im Ottawa Valley". Spätere Ausgaben priesen sie auch an als „einzige deutsche Zeitung in Ost- und Nordontario und in Quebec, die ihren Lesern Lokalnachrichten bringt" sowie als „einziges deutsches Werbemedium in diesem Gebiet". „Kein deutscher Haushalt entlang dem Ottawastrom sollte ohne die Deutsche Post bleiben".

In der Ausgabe vom 18. August 1904 erschienen sechs „Leitartikel", die sich allerdings als reine Berichterstattung ohne irgendwelche Meinungsäußerung herausstellten. Die Themen waren: Die kanadische Holzindustrie; die Dürre in Deutschland[118]; die britische Invasion von Tibet; die steigende Körpergröße „der japanischen Rasse, da sie nicht mehr mit unter dem Körper gekreuzten Beinen sitzen"; die Beziehungen zwischen Frankreich und dem Vatikan; auf *Ellis Island* in New York vollzogene Eheschließungen. Seite 5 enthielt kanadische Nachrichten aus anderen Landesteilen und weitere Nachrichten aus Deutschland. Seite 6 brachte landwirtschaftliche Nachrichten und Hinweise für Farmer sowie „Witze" wie: *„Ich wette, du weißt nicht, welche Haarfarbe die alten Deutschen hatten." „Natürlich waren sie blond". „Stimmt nicht. Sie hatten graue Haare.*" Auf Seite 7 standen Nachrichten „aus der alten Heimat", sauber getrennt nach Provinz oder Fürstentum. Endlich auf Seite 8 fanden Leser Lokalnachrichten: gesellschaftliche Ereignisse wie Kindergottesdienst-Picknick, Besuche von auswärtigen Verwandten und Bekannten, Todesanzeigen, Anzeigen über Geburten und Hochzeitsjubiläen usw. Alles war reichlich

118 https://www.sz-online.de/nachrichten/als-die-elbe-austrocknete-3141403.html. Abgerufen: Juli 2018.

besprenkelt mit „Humor" (Witzen) und natürlich mit Anzeigen - zum Teil offensichtlich, zum Teil als Text getarnt. Alle Seiten einschließlich der Titelseiten enthielten Anzeigen, zumeist in deutscher, aber auch teilweise in englischer Sprache.

Abbildung 72: St. Paul Lutheran Church, Ottawa. Photo: https://pmr-apm.ca/portfolio/st-pauls-evangelical-lutheran-church/

Die Begeisterung des Autors über die Entdeckung einiger Ausgaben der *Deutschen Post* wurde etwas gedämpft, als er feststellen musste, dass sie relativ wenig ursprüngliches Material und fast keine nennenswerten Informationen über die Zeit enthielten, in der die Deutschen massenweise als Immigranten im Ottawa Valley eingetroffen waren. Der Autor stellte eine Liste von Ortsnamen und Familiennamen zusammen, die in diesen Ausgaben der Zeitung erwähnt wurden sowie von den jeweils erwähnten Ereignissen. So wurden manche interessante Tatsachen durch Todesanzeigen und örtliche Nachrichten bekannt. Außerdem erschien eine geschichtliche Serie (bis 1984 war leider nur Teil 2 bekannt geworden) über die Gemeinde der lutherischen Kirche St. Paul, an der Ecke Wilbrod Street und King Edward Ave. in Ottawa.

Die Deutsche Post hörte auf zu existieren, als - laut anekdotischer Berichte - ihre Pressen in Pembroke im 1. Weltkrieg zerstört wurden. Eine Studie über Deutsche in Nordontario[119] legt nahe, die Zeitung könnte die Veröffentlichung bereits aufgrund eines Artikels am 18. Mai 1916 eingestellt haben, in dem sie über die blutige Revolte in einem Internierungslager in Kapuskasing berichtet hatte. Dort waren ca. 1200 deutsche und österreichisch-ungarische „feindliche Ausländer" interniert. Der Autor prüfte nach und fand - im kanadischen Bundesarchiv - einen Mikrofilm mit der Korrespondenz zwischen dem Haupt-Pressezensor für das damalige Kriegsministerium (*Department of Militia and Defence*) und Emil B. Christiansen, dem Sohn des Gründers, vom 19.-30. Juni 1916. Der Pressezensor hatte die Zeitung dafür gerügt, einen „übertriebenen Bericht" über den „Zwischenfall" geschrieben zu haben. Die Deutsche Post hatte wie folgt berichtet:

> „... Als Resultat eines Ausbruchs an Gewalttätigkeit im Internierungslager Kapuskasing an der *Transcontinental Railroad* 60 Meilen westlich von Cochrane wurden laut Berichten, die das Kriegsministerium erreichten, 4 österreichische Gefangene getötet und 15 verwundet.
> Es wurde im Kriegsministerium verlaut, dass die Gefangenen in dem Internierungslager sich schon seit einiger Zeit in einem Zustand des Ungehorsams gegen die militärischen Kräfte befanden. Vor einigen Tagen gipfelten diese Unruhen in einem allgemeinen Aufstand. Die Gefangenen verweigerten die Arbeit und bedrohten die Wachen mit Gewalt.
> Ihre Haltung war so bedrohlich, dass die Wachen gezwungen waren, extreme Maßnahmen zu ergreifen und auf dic Aufständischen zu schießen. Die Revolte soll von 300 Österreichern ausgelöst worden sein, die kürzlich aus dem Lager von Petawawa dorthin transportiert worden waren."

---

[119] Lewis, G.,(AA 16), 1981, S. 21-40.

Christiansen antwortete dem Zensor, er habe nur wiederholt, was andere (kanadische und amerikanische) Zeitungen geschrieben hatten und dass er die ursprüngliche Quelle der Information nicht mehr habe. Der Zensor ermahnte ihn, in Zukunft vorsichtiger zu sein und die Regeln und Bestimmungen zu beachten, die im Zusammenhang mit Berichten über alle mit dem Krieg zusammenhängenden Ereignisse in Kraft waren.

Die letzte bisher gefundene Ausgabe der Deutschen Post stammt vom 19. Oktober 1916. Keine der bis 1984 aufgetauchten Ausgaben gab Aufschluss darüber, warum die Zeitung plötzlich schließen musste. Am 2. Oktober 1918, nur einige Wochen vor Ende des 1. Weltkriegs, erließ das kanadische Kabinett einen Beschluss (*Order-in-Council*), der allen deutschsprachigen Zeitungen in Kanada die Veröffentlichung verbot (Kalbfleisch, H.K.).

Schluss

Die Einwanderung von ca. 12 000 Deutschen ins Obere Ottawa Valley im 19. Jahrhundert war wohl die größte kanadische Kolonisierungsaktion zwischen Ende des 18. Jahrhunderts (Überführung der „*United Empire Loyalists*" aus den USA) und der großräumigen Erschließung der Prairie-Territorien in den 1870er Jahren.

Zwar misslang der ursprüngliche Plan - die Deutschen in großer Zahl auf den *Free Land Grants* entlang der neu angelegten *Opeongo Road* anzusiedeln -, weil sich das Land auf dem rauen Kanadischen Schild nur an wenigen Stellen für die Landwirtschaft eignete. Trotzdem war die gesamte Aktion von Erfolg gekrönt, denn große Teile des riesigen Bezirks Renfrew und andere Gebiete auf beiden Seiten des Ottawa konnten durch die deutschen Siedler stärker bevölkert werden.

Obwohl die Regierung der britischen Kolonie Canada - der seit 1840 vereinigten ehemaligen Kolonien *Upper Canada* (später Provinz Ontario) und *Lower Canada* (später Provinz Quebec) - bei der Anwerbung deutscher Auswanderer mit Vorsicht vorgehen wollte, waren die Methoden und Versprechungen ihres in Deutschland eingesetzten Werbers oft sehr bedenklich.

Die deutschen Auswanderer - zum großen Teil arme Landarbeiter und Kleinbauern aus den östlichen Provinzen Preußens und aus Mecklenburg - mussten auf der beschwerlichen See- und Landreise sowie nach Ankunft in der kanadischen Wildnis zunächst sehr viel ertragen. Jedoch langfristig gesehen ging es ihnen - und besonders ihren Nachkommen - in Kanada wohl bedeutend besser als wären sie in ihrer Heimat geblieben.

Die im nördlichen Teil des Bezirks Renfrew und in benachbarten Gebieten angesiedelten Deutschen erhielten, auch besonders dank ihres stark ausgeprägten lutherischen Glaubens, verhältnismäßig lange

P. Hessel, *Ziel: Ottawa Valley*, https://doi.org/10.1007/978-3-658-31571-9

ihre Sprache (d.h. Hochdeutsch und/oder Plattdeutsch und für eine kleine Minderheit auch „Wendisch") sowie ihre kulturellen Gepflogenheiten.

Das vom Autor gesammelte historische Quellenmaterial sollte stärker ausgewertet werden, und es könnten durch weitere Forschungen zusätzliche Quellen bekannt werden, die das geschichtlich interessante Thema wissenschaftlich ausführlicher beleuchten würden.

Für genealogische Zwecke könnten Passagierlisten systematisch mit der von William Sinn 1860 vorgelegten Liste, mit Listen von Gemeindemitgliedern der lutherischen Kirchen und mit Grabsteinen auf lutherischen Friedhöfen verglichen werden. Der Autor hat lediglich den Versuch unternommen, die Namen auf der Liste von William Sinn (1860) mit den Namen der Passagierliste der S.S. Franklin (ab Hamburg 15.5.1859) zu vergleichen, wobei keine Übereinstimmung festgestellt werden konnte. Auch ein Vergleich der Namen auf der Passagierliste der S.S. Washington (ab Hamburg 15.4.1861) zeigte nur wenige Familiennamen, die im Ottawa Valley häufig sind, darunter Lehmann, Lemke, Linke, Scheel, Schubring, Schünemann usw.

Wenn neue Informationen bekannt werden, könnten manche der hier getroffenen Folgerungen modifiziert oder auch sogar widerlegt werden. Näher zu erkundende Dokumente sind zum Beispiel die *Sessional Papers of the Legislature of Canada* (1855-67), die *Proceedings of the Legislature of Ontario* (1867 bis ca. 1880) und die *Proceedings of the Quebec Legislative Assembly* aus derselben Zeit. Auch die Einwanderungsberichte des Hafens von Quebec und der Einwanderungsbehörde in Ottawa (1857-1880) mögen weitere interessante Details enthalten. Interviews mit Pastoren und Mitgliedern der zahlreichen lutherischen Gemeinden im Oberen Ottawa Valley sowie in der Stadt Ottawa, eine systematische Suche nach örtlichen Dokumenten sowie nach archivarischen Quellen in der Bundesrepublik Deutschland, eine Suche nach Quellenmaterial im kanadischen Bundesarchiv (*Library and Archives Canada* in Ottawa) einschließlich der Nationalen Zeitungssammlung (*National Newspaper Collection*) könnte durchgeführt werden. Alte Ausgaben (1867-90) der Tageszeitung *Pembroke Standard Observer* (in der *Pembroke Public Library*) sowie eine Suche in anderen Archiven (einschl. örtlicher Archive in Ottawa, Pembroke, Renfrew, Arnprior, Shawville, Buckingham) könnten einschlägiges Material ans Licht bringen. Feldstudien in Form von Umfragen und Interviews, die Sammlung mündlicher Überlieferungen usw., die der Autor nur sporadisch durchführen konnte, sollten systematisch erfolgen, wobei sich Forscher auf die jeweils ältesten Bewohner der entsprechenden Gemeinden konzentrieren sollten).

Anhang A

Liste von 15 Segelschiffen, die zwischen 1858 und 1866 deutsche und kaschubische Einwanderer aus Hamburg nach Quebec führten. Quellen: Auswandererlisten im Staatsarchiv Hamburg und kanadische Einwanderungsberichte aus dem Hafen von Quebec.

Abreise	**Name des Schiffs**	**Kapitän**	**Ankunft in Quebec**	**Anmerkungen**
1.4.1858	Copernicus	Dahl	13.5.1858	
16.4.1858	Gellert	Boysen	nicht erwähnt	12 Passagiere starben an Bord
1.5.1858	Washington	Platz	nicht erwähnt	29 Passagiere starben an Bord
15.5.1858	Franklin	Benziehn	1.7.1858	
16.4.1860	Gellert	Terry	nicht erwähnt	
15.4.1861	Washington	Platz	nicht erwähnt	
1.5.1861	Sir Isaac Newton	Jorgensen	nicht erwähnt	
2.5.1861	Oder	Winzen	nicht erwähnt	
1.6.1861	Gellert	Terry	nicht erwähnt	
1.6.1861	Elbe	Boll	Nicht erwähnt	
28.6.1861	Andrew	Bohm	nicht erwähnt	
15.8.1861	Humboldt	Boysen	nicht erwähnt	
2.5.1865	Othello	Tinkham	24.6.1865	
1..4.1866	Main	?	18.5.1866	
6.4.1866	Pallas	?	18.5.1866	

P. Hessel, *Ziel: Ottawa Valley*, https://doi.org/10.1007/978-3-658-31571-9

Anhang B

Beispiel einer der 15 Passagierlisten für Segelschiffe, die deutsche und kaschubische Einwanderer zwischen 1858 und 1866 von Hamburg nach Quebec gebracht haben. Die meisten dieser Passagiere waren für die US-Staaten Wisconsin, Michigan usw. sowie für Südontario bestimmt, aber viele der ersten Einwanderer ins Ottawatal waren ebenfalls darunter. Die handgeschriebenen Listen wurden nach dem 2. Weltkrieg in Hamburg mikroverfilmt. Der Autor dieser Studie erwarb in den 1980er Jahren Kopien dieser Listen für das Archiv Arnprior, McNab/Braeside in Arnprior (Ontario), wo sie von genealogisch interessierten Nachfahren der Einwanderer eingesehen werden können (adarchives@hotmail.com).

Die S.S. Gellert unter Kapitän Boysen verließ Hamburg am 16.4.1858. Ihr Ankunftsdatum in Quebec wurde nicht erwähnt, aber es wurde vermerkt, dass 12 Passagiere an Bord starben.

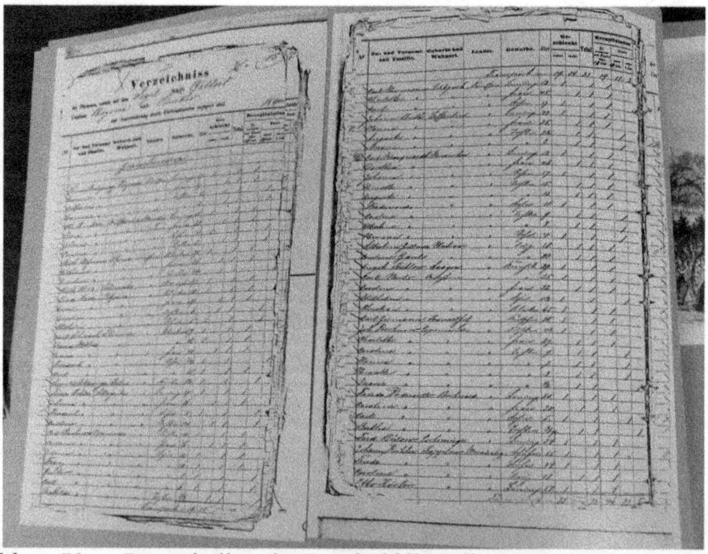

Abbildung 73: Passagierliste des Segelschiffs Gellert unter Kapitän Boysen, ab Hamburg am 16.4.1858 nach Quebec. Kopie im Archiv Arnprior, McNab/Braeside in Arnprior (Ontario).

P. Hessel, *Ziel: Ottawa Valley*, https://doi.org/10.1007/978-3-658-31571-9

Literaturverzeichnis[120]

ARCHIVARISCHE QUELLEN im Kanadischen Bundesarchiv (*National Library and Archives Canada*)

AG 2392 = General Correspondence Series of the Department of Agriculture (RG 17, vol. 2392)

01 Rundschreiben vom *Bureau of Agriculture and Statistics* an Gemeindeämter in *Upper Canada*, 1857-58.

02 Schreiben von W. Sinn an W. Hutton, 17.2.1859. Bericht über die deutsche Einwanderung ins Ottawa Valley.

03 Schreiben von W. Wagner in Berlin an W. Hutton, 24.4.1860. Bericht über Wagners Aktivitäten in Deutschland.

04 W. Wagners Übersetzung von W. Sinns Bericht an P.M. Vankoughnet über die deutsche Einwanderung ins Ottawa Valley. Enthält Liste von 95 deutschen und kaschubischen Familien, die sich zwischen 1858 und 1860 angesiedelt hatten.

05 W. Wagners Artikel (auf Deutsch) über die *Free Land Grants* in Kanada. April 1860. Spezifische Informationen über das Ottawa Valley.

06 W. Wagners Artikel (auf Deutsch) über den Verkauf staatlicher Ländereien in Kanada. April 1860. Spezifische Informationen über das Ottawa Valley.

07 W. Wagners deutsche Übersetzung kanadischer Gesetze von Interesse für Siedler. 1860.

08 Büchlein von W. Wagner (27 Seiten auf Deutsch). Berlin, 1861. Ratgeber für potenzielle deutsche Einwanderer ins Ottawa Valley.

09 Schreiben von H. Montamis, „On the subject of German immigrants". 20.12.1852. Bezug auf eine deutsche Veröffentlichung von F. Widder.

10 Schreiben vom kanadischen Konsul in Hamburg (1858): Bitte um Kopien des geänderten Einwanderungsgesetzes.

11 Beschluss der Stadt Ottawa vom 1.2.1858 über Einwanderung „in diesen Teil Kanadas".

12 Drei Briefe vom Einwanderungsbüro im Hafen von Quebec an W. Hutton über die Ankunft deutscher Einwanderer und Bitte um einen Dolmetscher. 1858

13 Zwei Vermerke (1958) über die Förderung der Sankt-Lorenz-Route für Einwanderer.

[120] Die im Text und in den Fußnoten verwendeten Abkürzungen (**AA, AG, BA, DA, GCY, GG, HF, JU, MI, PC, SO**) beziehen sich auf die hier angegebenen Quellen - außer Büchern, die jeweils nach Autor geordnet sind.

P. Hessel, *Ziel: Ottawa Valley*, https://doi.org/10.1007/978-3-658-31571-9

14 Zwei Schreiben über die in Quebec eintreffenden Deutschen und über die weitere Beauftragung von F. Clemow als Ottawa-Agent.
15 Berichte aus Quebec über die Ankunft deutscher Schiffe aus Hamburg und Bremen einschließlich S.S. Heinrich mit 25 Familien für das Ottawa Valley. 1858.
16 Schreiben von W.A.C. Buchanan an W. Hutton über die Einstellung von W. Schmidt als Dolmetscher. Briefe von W. Sinn über seine „Reise durch den Ottawa-Distrikt". 1858.
17 Bericht aus Quebec über die Ankunft von S.S. Elbe aus Hamburg. 1860.
18 Bericht von W.A.C. Buchanan in Bezug auf die Ansiedlung von Deutschen und „Polen" im Ottawa-Distrikt 1859 und in Bezug auf die Umsiedlung von Deutschen aus der Gegend von Berlin (Kitchener) im Bezirk Renfrew. 1860.
19. Jahresbericht 1858 aus Ottawa von F. Clemow.
20 Bericht aus Quebec über die Ankunft des Segelschiffs S.S. Elbe aus Hamburg, 1860.
21 Schreiben von L. Fecht an Hutton, in dem Fecht sich als deutscher Dolmetscher in Ottawa bewirbt. 1859.
22 Berichte über deutsche Schiffe, die 1865 und 1866 in Quebec ankamen.

AG 2394 = General Correspondence Series of the Department of Agriculture (RG 17, vol. 2394)

01 Deutsche Auswandererzeitung, Nr. 6, 1861, in Bremen herausgegeben. Enthält einen Artikel von einem „Deutsch-Kanadier" über das Ottawa Valley sowie ein Inserat von W. Wagner.

02 Berichte über 1865 und 1866 in Quebec angekommene Schiffe aus Deutschland.

GG = Records of the Governor General's Office, RG 7.

01 Korrespondenz in Bezug auf die Familie Wilhelm Raabe in Ottawa, die aufgrund einer Behinderung in Not geraten war.

PC = Sessional Papers 1862, Regierung der Kolonie Canada, App. 21

01 Berichte und Briefe von W. Sinn und W. Wagner, 1861 und 1862. S.P. 1862, App. 21.

SO = Sonstige archivarische Quellen:

01 Wählerliste für den Landkreis McNab (Bezirk Renfrew), 1893. Enthält viele deutsche Namen einschließlich denen der deutschen Familien in *German Settlement* und in Mansfield, das damals noch zum Landkreis McNab gehörte.

02 Konsularbericht (12 Seiten) der preußischen Botschaft in London. März 1863. Nennt die Modalitäten und Bedingungen für die Auswanderung nach Kanada. Mikrofilm 8007, Zentrales Staatsarchiv Preußischer Kulturbesitz in Merseburg (DDR). (Die Bestände wurden nach 1990 an bundesdeutsche Archive überführt.)

03 Auswandererlisten für alle Schiffe, die zwischen 1.4.1858 und 15.8.1861 von Hamburg nach Quebec fuhren. Auftragsbuch Nr. 573/81. Mikrofilm. Eine vom Autor alphabetisch geordnete Liste der Passagiere liegt im Archiv Arnprior/McNab/Braeside und ist auch vom Autor online erhältlich (hesseltranslation@t-online.de).

SEKUNDÄRE QUELLEN

JU = Jubiläumsbücher und andere Publikationen lutherischer Kirchen im Ottawa Valley

01 *Be Thou Our Vision* - 125. Jubiläum der *Zion Lutheran Church* in Pembroke, 2008. S. 19-20: Historische Skizze nennt auch zahlreiche frühere Jubiläumsbücher und „*Parish Directories*".

02 Jubiläums-Büchlein, 50. Jubiläum der Lutherischen Kanada-Synode, 1911. Kurzer Hinweis auf die deutsche Einwanderung im Ottawa Valley. Passagierlisten, Biografien, Fotos.

03 Centennial History, *St. John's Lutheran Church* in Petawawa. 1954.

04 *Grace and Blessing* - Geschichte des *Ontario District* der Lutherischen Missouri-Synode. 1954. Allgemeine Abhandlung über deutsche Siedlungen im Ottawa Valley. Erläuterung der Spaltung zwischen den zwei wichtigsten lutherischen Gruppierungen.

05 *Directory of Lutheran Churches in Canada*. Lutheran Council in Canada. Winnipeg: 1983.

06 Ward, Rev. Kenn, A Brief Historical Account of the Lutheran People in the Upper Ottawa Valley of Ontario. Rankin: 1976, unveröffentlicht.

07 Statistisches Jahrbuch der Evangelisch-Lutherischen Missouri-Synode Missouri, Ohio und andere Staaten für das Jahr 1900. St. Louis, Mo.: 1901 (in deutscher Sprache).

08 Statistical Yearbook of the Evangelical-Lutheran Synod of Missouri, Ohio and Other States for the Year 1920. St. Louis, Mo.: 1921 (in englischer Sprache).

HF = Heimatkundliche und familiengeschichtliche Publikationen

01 Donahue, A., History of Alice and Fraser Township. Pembroke: (ohne Datum). In einem kurzen Abschnitt: Biografien und Fotos der frühen deutschen Siedler.

02 Remus, E.Z., *100 Years of Remus history in Canada.* Geschichte der Familie Remus im Bezirk Renfrew (vervielfältigte Ausgabe).

03 *Heritage collection of Remus recipes.* Alte Familienrezepte mit einigen familiengeschichtlichen Angaben. Pembroke: 1972.

04 *Up the hills to home*. Geschichtliche Abhandlung über Ladysmith im Bezirk Pontiac.

05 Hamilton, J.E. et al., *Our Heritage.* Pembroke: 1976. Familien- und stadtgeschichtliche Abhandlungen. Fotos.

06 *Arnprior Centennial, 1862-1962*. Arnprior Press: 1962. Arnprior Public Library.

07 Arnprior Souvenir Book and Historical Sketch, 1831-1909. Arnprior Public Library.

08 *Centennial 1857-1962.* North Renfrew Agricultural Society. Beachburg (Bezirk Renfrew).

09 *History of Killaloe Station*, Pembroke: 1967. Pembroke Public Library.

10 Green, G.M., *Old Killaloe*. Ottawa: 1978. Pembroke Public Library.

11 *Pioneer Reminiscences of the Upper Ottawa Valley* (Geschichte von Eganville). 1967. Pembroke Public Library.

12 Pembroke Sesquicentennial Souvenir Book, 1828-1978.

13 Woermke, W.A., *Woermke Family History*. Pembroke: 1981.

14 Bennett, C., T*he Admaston Heritage Book.* Renfrew: 1982. Arnprior Public Library.

15 *A History of Deep River*. Town of Deep River: 1970.

16 Hunt, T.J., *The Story of the "Mountain"*. Mount St. Patrick: ca. 1938.

17 Hunt, T.J., The Story of Cormac and its Shrine of St. Anne. Cormac: 1954.

18. Official Program and Pictorial Souvenir of Pembroke and Old Home Week. Pembroke: 1928.

19. Kuehl, G., *Raddatz Family History*. Renfrew County: 1982.

20 Schnurr, A., Unveröffentlichte Abhandlung über die Geschichte der Besiedlung von Poltimore - nach Unterlagen in der *St. Paul's Lutheran Church.* 1982.

AA = Aufsätze, Artikel in Zeitschriften, Zeitungen; Dissertationen.

01 Brown, R., Ontaro's Hastings Road of broken dreams. Canadian Geographical Journal, August 1979, S. 44-47.

02 Cooper, J.I., *Canada and Germany*, 1847-1848. *American-German Review*, Philadelphia. Vol. XIV, No. 5, S. 6-7. 1948.

03 Debor, H.W., Die Deutschen in der Provinz Quebec. Nachdruck des 1963 erschienenen Artikels in DER RING (St. Leonard, Quebec), Vol. 21, No. 234 1979). Kaum Erwähnung des Ottawa Valley.

04 Debor, H.W., The cultural contribution of the German Ethnic Group to Canada. 1965: Bericht an die Royal Commission on Bilingualism and Biculturalism. Mit Ergänzung von 1963.

05 Fraser, I.S., *The Renfrew Region in the Middle Ottawa Valley.* 1953: Master's Thesis, Clark University, Worcester, Mass. Geographischer Schwerpunkt, aber mit interessanten siedlungsgeschichtlichen Informationen, Karten über ethnische Verteilung usw.

06 Grenke, A., *The Formation of Early Development of an Urban Community. A Case Study of the Germans in Winnipeg*, 1872-1919. 1975 Dissertation, University of Manitoba. Betrifft Manitoba, enthält aber viele Themen von allgemeinem Interesse (Motivation, Hintergrund, Definitionen usw.).

07 Halsig, B., *German immigration to the Ottawa Valley (Renfrew County)*, 1857-1866. Term paper, Carleton University, Ottawa: 1981. Basiert auf den *Sessional Papers, Public Archives of Canada* sowie auf Lehmann (siehe Lehmann).

08 Hamilton, L., Die Deutschen in Kanada. Zeitschrift für Politik. März 1930, S. 773-785. Sehr kurze Erwähnung des Ottawa Valley.

09 Heintz, G., German Immigration into Upper Canada and Ontario from 1783 to the Present Day. M.A-Diplomarbeit, Queen's University, 1938.

10 Hessel, P., *Germans - One of Canada's Founding Groups.* 1985: Vorlesung auf verschiedenen Tagungen und Konferenzen. Typoskript in Arnprior, McNab/Braeside Archives.

11 Knirck, C., The Germans in Canada. 1969: Bericht an das *Social Research Centre,* Ottawa. Ein Satz über das Ottawa Valley.

12 Labudde, H.-J., Die deutsche Auswanderung nach Kanada. 1952 Dissertation, Universität Hamburg. Befasst sich vorwiegend mit den Prairie-Provinzen Kanadas.

13 Lee-Whiting, B., *First Polish Settlement in Canada.* Canadian Geographical Journal, Vol. 74 (1967), S. 108, 112. Die Autorin verwechselte Kaschuben mit Polen.

14 Lee-Whiting, B., The Opeongo Road. An early settlement scheme. Canadian Geographical Journal, vol. 74, März 1967, S 76-83.

15 Lee-Whiting, B., Krugerdorf. The Beaver, Spring 1984, S. 35-39.
16 Lewis, G.J., Germans in Northern Ontario. Laurentian University Review. Vol. XV, Nr. 1 (November 1982), S. 21-40. Erwähnt die Zeitung, Deutsche Post.
17 Moellmann, A., The Germans in Canada. Master's Thesis, McGill University, Montreal: 1954. Keine Erwähnung des Ottawa Valley.
18 Schaus, L.H., German Settlers in Ontario. American-German Review. Philadelphia: Oct.-Nov. 1953.Nur kurze Erwähnung des Ottawa Valley.
19 Miller, M., *The Opeongo Road: A unique historical resource. Tagungsbericht* im Rahmen der Veranstaltung *Exploring Our Heritage: The Ottawa Valley Experience*, gesponsert von der Ontario Heritage Foundation, Ministry of Culture and Recreation; Arnprior: Oktober 1978. Millers Bericht *erwähnt die* deutschen Siedler mit keinem Wort.
20 Wagner, L.H., The Evangelical Church in Upper Canada from 1837-1865. Annual Report, Waterloo Historical Society: 1939, S. 75-80. Keine Erwähnung des Ottawa Valley.
21 Wood, B., Petawawa and the Canadian Soul. 2018: Noch unveröffentlichte Studie, die auch die deutschen Siedlungen im Gebiet der großen Militärbasis Petawawa berücksichtigt.

GCY = Artikel im German-Canadian Yearbook

01 Froeschle, H., Hrsg., Historical Society of Mecklenburg, Upper Canada. Toronto: 1973-80 (Vol. 1-6).
02 Bassler, G.P., *The "Inundation" of British North America with "the refuse of foreign pauperism"...* Vol. IV, S. 93-113. Gut fundierte Forschung, befasst sich aber vorwiegend mit der Zeit vor 1857 (Einwanderung aus Süddeutschland nach Südwestontario).
Bassler, G.P., German Overseas Migration to North America in the Nineteenth and Twentieth Centuries, Vol. VII (1983), S. 8-21.
03 Bausenhart, W., *The German settlement of Ladysmith, Quebec and the dialect spoken by its settlers.* Vol. IV, S. 324-245. 1976. Kurzer historischer Überblick; die Dialektstudie zeigt, dass diese Siedler aus Westpreußen stammten.
04 Hess, A.K., Remarks on historical research with special consideration of the history of German settlers in Canada. Vol. 1, S. 25-29.
05 Schmidt, H., Die deutschen Sonnabendschulen in Kanada. Vol. VI, S. 185 ff.
06 Threinen, N.J., *Lutherans in Canada.* Vol. V, S. 13-19. Informationen über die Geschichte der Lutherischen Kirche in Kanada.

07 Weissenborn, G., The Germans in Canada. A chronological survey of Canada's third-oldest ethnic group. Vol. IV, S. 22-56. Keine Erwähnung des Ottawa Valley.

DA = Artikel in der Zeitschrift, DER ARCHIVAR, 1979, Nr. 1.

01 Dascher und Mantwill: Die Auswanderung nach Übersee im 19. Jahrhundert - Forschungssätze und archivische Quellen; Kurzfassungen von Referaten des Quellenkundlichen Rundgesprächs auf dem 52. Deutschen Archivtag.

02 Böttjer, C., Auswanderungsquellen in Archiven der Wirtschaft.

03 Hecht, W., Zur Dokumentation kommunaler Auswanderungsprojekte des 19. Jahrhunderts in Südwestdeutschland.

04 Mantwill, G., Die Zeitung als Quelle der Auswanderungsforschung.

05 Neundorfer, B., Auswanderungsquellen in kirchlichen Archiven.

06 Sauer, P., Das Quellenangebot der territorialen Staatsarchive, insbesondere Südwestdeutschlands, zur Auswanderungsforschung.

BÜCHER

Auburger, L. et al., Deutsch als Muttersprache in Kanada. Franz Steiner Verlag, Wiesbaden: 1977. Kapitel über Deutsche in Ontario von K. Naber (Teil III, S. 33-37). Historische Zusammenfassung der deutschen Siedlungen im Ottawa Valley und Beispiele der hier gesprochenen deutschen Dialekte.

Berghaus, Heinrich („Bearbeiter"), Landbuch des Herzogthums Pommern und des Fürsthenthums Rügen, des II. Theils Band V, Abtheilung 1 in Berghaus' Landbuch von Pommern und Rügen. Verlag F. Riemschneider, Berlin, 1872.

Brault, L., *Ottawa Old and New*. Ottawa Historical Information Institute, Ottawa: 1946. Geschichte der Stadt Ottawa.

Cattermole, W., *Emigration*. Ursprünglich 1831 erschienen, Neuausgabe: Coles Reprint, 1970. Hinweise auf die Stadt Ottawa (Bytown).

Craft, J.H. (Hrsg.), Immigration 1891-1911. Wiley of Canada: 1972. Kein Hinweis auf das Ottawa Valley.

deBray, R.G.A., *Guide to the Slavonic Languages*. Dent & Sons, London: 1951. Kap. 12: *Lusatian* (*Wendish*). Wichtige Hinweise auf die wendische „Minorität innerhalb einer Minorität", die ins Ottawa Valley auswanderte. Auch Bezug auf Kaschubisch.

Encyclopedia Canadiana. 1966, Vol. 4, S 353-359. Unter dem Eintrag „*People of German Origin*" steht ein einziger Satz über das Ottawa Valley.

England, R., The Central European Immigration in Canada. Macmillan of Canada: 1924. Globale Darstellung von Einwanderungsmustern. Kein Hinweis auf das Ottawa Valley. 1953 Master's Thesis, Clark University, Worcester, Mass. Eine hauptsächlich geographische Abhandlung, aber mit interessanten geschichtlichen Betrachtungen und Karten zur ethnischen Verteilung.

Friedmann, W.G., *German Immigration into Canada*. Ryerson Press. Toronto: 1952. Keine Erwähnung der Einwanderung im 19. Jahrhundert.

Gibbon, J.M, *Canadian Mosaic.* McClelland & Stewart. Toronto: 1938. Das Kapitel über Kanadier deutscher Abstammung enthält nur einen kurzen Hinweis auf das Ottawa Valley.

Hessel, P., *The Algonkin Nation.* Kichesippi Books, Ottawa: 1993. Enthält ein Kapitel über die Geologie und Archäologie im Ottawa Valley.

Hessel, P., *McNab - The Township.* Kichesippi Books, Ottawa: 1988. Geschichte des Landkreises McNab im Bezirk Renfrew. McNab wurde vorwiegend von schottischen Einwanderern besiedelt. Das Buch enthält jedoch auch allgemeine Hinweise auf deutsche Einwanderer (S. 150-51), auf deutsche Lutheraner und Baptisten, sowie insbesondere auf die Ansiedlung "*German Settlement*" (S. 150-51).

Historical Atlas of Lanark and Renfrew Counties, Ontario. 1880/81. Neuausgabe 1972 von Ross Cummins in Port Elgin.

Kalbfleisch, H.K., The History of the Pioneer German Language Press of Ontario, University of Toronto Press: 1968. Wichtige Hinweise auf die Deutsche Post und das *Ottawa Echo*.

Kennedy, C.C., The Upper Ottawa Valley. Renfrew County Council, Pembroke: 1970. Informationen über die Opeongo Road und die frühe Besiedlung der Region. Zahlreiche Fotos, Karten usw.

Lehmann, H., Zur Geschichte des Deutschtums in Kanada (1. Das Deutschtum in Ostkanada). Stuttgart: 1931 Wichtiger Beitrag zum Thema. Ausführliche bibliographische Anmerkungen. Mehrere Seiten über das Ottawa Valley.

Macdonald, M., *Canada. Immigration and Colonization*, 1841-1903. Macmillan of Canada. Toronto: 1966. Ein Kapitel über Deutsche, aber nur einige allgemeine Hinweise auf das Ottawa Valley. Gute Bibliographie.

Malinkowa, Trudla, Ufer der Hoffnung. Geschichte der wendischen (niedersorbischen) Auswanderung nach Übersee aus dem Gebiet Cottbus. Ein Kapitel enthält interessante Informationen über das Ottawa Valley einschließlich einer Namensliste mit Geburts- und Todesorten von ca. 200 Siedlern. 3. erweiterte deutsche Ausgabe, 2017. Domowina-Verlag, Bautzen.

Mönckmeier, Wilhelm. Die deutsche überseeische Auswanderung. Nachdruck des Originals von 1912 im Salzwasser Verlag, Paderborn, 2012.

Pain, H., The Heritage of Canadian Furniture. Van Nostrand-Reinhold, Toronto: 1978. Interessante Beispiele der „deutschen und kaschubischen Möbelstile" im Bezirk Renfrew und in benachbarten Gegenden, Fotos.

Priesner, P., Die Auswanderungen aus Ehrenstetten und Kirchhofen nach Nordamerika in der zweiten Hälfte des 19. Jahrhunderts. Freiburg i.B.: 1981 (Dissertationsdruck). Betrifft fast ausschließlich die Auswanderung aus diesen badensischen Orten in die USA, enthält aber interessante Gedanken und Schlüsse über die Auswanderung allgemein.

Reuter, Fritz, Läuschen un Rimels, Neue Folge. Neuauflage: Hünstorff, Rostock: 1995. Niederdeutsche Gedichte.

Rowan, J.J., *The Emigrant Sportsman in Canada*. Ursprünglich 1855 in Toronto erschienen, Neuausgabe: Coles Reprint, 1970. Kein Hinweis auf deutsche Einwanderung, aber interessante Ausführungen über das Ottawa Valley.

Teuscher, J., Briefe über West-Kanada [*Canada West*]. Basel: 1854. Ein Exemplar in der *Library of Congress* in Washington (F1057 T35).

Traill, C.P., *The Canadian Settler's Guide*. Toronto; 1855. Neuausgabe: Canadian Library, McClelland & Stewart, Toronto: 1969. Kein Hinweis auf deutsche Einwanderung.

Trew, J.D., *Place, Culture and Community. The Irish Heritage of the Ottawa Valley*. Cambridge Scholars, Newcastle: 2009. Enthält zwei Seiten über die deutsche und kaschubische Einwanderung und Besiedlung.

Tuckermann, W.: Das Deutschtum in Kanada. Kohlhammer, Stuttgart: 1928. Der Autor konnte nur die Rezension dieses Buches von Louis Hamilton finden (University of Toronto Press - Canadian Historical Review, Vol. 10, Nr. 4, Dezember 1929 S. 352). Tuckermann schien sich auf prominente Deutsch-Kanadier seiner Zeit zu konzentrieren.

Vineberg, Robert, 2011. Responding to Immigrants' Settlement Needs: The Canadian Experience. Springer Science & Business Media, 2011.

Wagner, H., Von Küste zu Küste. Bei deutschen Auswanderern. Geographisches Jahrbuch, Band 45. Hamburg: 1929. Kein Hinweis auf das Ottawa Valley.

Wagner, Jonathan, A History of Migration from Germany to Canada, 1850-1939. UBC Press, Vancouver, Toronto: 2006. Das Ottawa Valley wird nicht erwähnt; aber Ausführungen über die kanadischen Einwanderungsagenten William Sinn und William Wagner.

Wätjen, Hermann, Aus der Frühzeit des Nordatlantikverkehrs. Felix Meiner Verlag, Leipzig, 1932.

Wehrmann, M., Die Geschichte von Pommern. 2. Band. Weidlich Reprints. Frankfurt am Main: Datum unbekannt. Ursprüngliche Ausgabe 1916.

Weiß, W., Überseeische Auswanderungen im 19. Jahrhundert. Heimatkalender für den Kreis Prenzlau (Neue Folge, Jahrgang 1) 1958, S. 157-160.

Wendisches Gesangbuch (*Sserske Duchowne Kjarlize*), herausgegeben in Cottbus: 1860. Enthält handschriftliche persönliche Daten. Vom Autor im

Landkreis Wilberforce (Bezirk Renfrew) gefunden. (Weiterhin im Familienbesitz).
Woermke, Mark. Die 2018/19 von Mark Woermke in Ottawa/Barry's Bay herausgegebenen Blogs enthalten zahlreiche neue und wertvolle Forschungsergebnisse, die der Autor dieser Studie auf Richtigkeit geprüft hat.

GPSR Compliance
The European Union's (EU) General Product Safety Regulation (GPSR) is a set of rules that requires consumer products to be safe and our obligations to ensure this.

If you have any concerns about our products, you can contact us on

ProductSafety@springernature.com

In case Publisher is established outside the EU, the EU authorized representative is:

Springer Nature Customer Service Center GmbH
Europaplatz 3
69115 Heidelberg, Germany

www.ingramcontent.com/pod-product-compliance
Lightning Source LLC
LaVergne TN
LVHW011006250326
834688LV00004B/102

* 9 7 8 3 6 5 8 3 1 5 7 0 2 *